이 땅을 지켜온,

지금도 지키고 있으며,

앞으로도 지켜나갈

대한민국의 모든 군인들에게 이 책을 바친다.

무적해병의
전설

# 공정식

**다물아사달** 기획 '국군열전'

다물아사달에서는 창군(創軍)과 6·25전쟁, 그리고 대한민국 발전 과정에서 노심초사한 '참 군인'들과 UN군 참전용사들을 선정하여 그들의 삶과 업적을 오늘에 되살리는 '국군열전'을 기획하고 있습니다.

무적해병의
전설

# 공정식

| | |
|---|---|
| 초판 1쇄 | 2016년 11월 11일 |
| 2쇄 | 2017년 04월 05일 |
| 지은이 | 김선덕 |
| 발행인 | 황승훈 |
| 디자인 | 박상아, 이유정 |
| 교정·교열 | 이규석(KBS 성우) |
| 발행처 | 도서출판 다물아사달 |
| 등록번호 | 제2015-000025호 |
| 주소 | 서울특별시 중구 서소문로6길 34, 609호 |
| 전화 | 02-2281-5553 |
| 팩스 | 02-2281-3953 |
| 홈페이지 | www.damulasadal.com |
| 가격 | 13,000원 |
| ISBN | 979-11-955026-5-3  04900 |
| | 979-11-955026-3-9  04900  (세트) |
| CIP제어번호 | CIP2016027094 |

이 도서의 국립중앙도서관 출판도서목록(CIP)은 서지정보유통지원시스템 홈페이지(http://seoji.nl.go.kr)와 국가자료공동목록시스템(http://www.nl.go.kr/kolisnet)에서 이용하실 수 있습니다.

ⓒ 김선덕 2016. Printed in Korea.

- 이 책은 저작권법에 따라 보호받는 저작물이므로 무단전재와 무단복제를 금지하며, 이 책 내용의 전부 또는 일부를 이용하려면 반드시 저작권자와 도서출판 다물아사달의 서면 동의를 받아야 합니다.
- 파본이나 잘못된 책은 구입처에서 교환해 드립니다.

국군열전 列傳

무적해병의 전설

# 공정식

도서출판
다물 아사달

## 시작하는 글

내가 공정식 장군을 처음으로 만난 시점은 2010년 3월이었다. 당시 나는 국군의 역사를 총 26시간(26부작)으로 정리하는 '국군연대기(國軍年代記)'라는 다큐멘터리를 만들고 있었다.

국군의 역사를 보다 정확하게 제작하기 위해, 그때 나는 48명의 군 원로들을 찾아가 인터뷰를 했는데, 공정식 장군도 그분들 중의 한 분이었다. 그것이 인연이 되어 나는 그 후에도 공 장군을 종종 만나 초창기 국군의 역사와 해병대의 일화를 듣는 행운을 누리게 된다.

2010년 3월 3일, 해병대기념관에서 처음 공정식 장군을 대면했을 때, 내가 받은 첫인상은 "천생무인(天生武人)이구나."였다. 훤칠하고 당당한 풍모(風貌)부터가 소년 시절에 즐겨 읽었던 삼국지(三國志)에 나오는 주인공들을 연상케 했다.

공정식 장군은 해군으로 군 생활을 시작해 해병대로 군 생활을 마무리한 특이한 경력을 지닌 인물이다. 그는 1946년 12월에 해군 소위로 임관하여 여수 14연대반란사건 토벌작전을 시작으로 몽금포작전, 통영상륙작전, 그리고 '세기의 작전'이라고 불리는 인천상륙작전에 참전했다.

1950년 12월에 해병대로 소속을 바꾼 이후에는 무적해병의 전설을 탄생시킨 도솔산전투를 비롯하여 가리산전투, 화천전투, 그리고 사천강~장단지구 전투 등에서 일선 지휘관을 맡아 일반 병사들과 함께 최전선을 누볐다.

또한 39세의 젊은 나이로 제6대 해병대사령관에 취임한 이후에는, 대한민국 국군 역사상 최초의 해외파병인 베트남파병을 주도하는 대임(大任)을 수행했다. 공정식 장군은 해군의 원로인 동시에 해병대의 살아있는 역사인 것이다.

그것은 공정식 장군이 자신의 회고록에서 "나는 해군으로 군문에 들어가 소령 시절에 해병대로 옮겼다. 그래서 해군과 해병대 양쪽 경험을 골고루 갖고 있다. 그 덕분에 우리 전사에 남은 유명한 전투에 골고루 참여해보는 행운을 누렸다."고 소회(所懷)를 밝힌 것에서도 잘 드러난다.

공정식 장군의 삶은 그야말로 드라마틱하다. 그는 일본군에 강제 징

집당하기 바로 직전에 광복이 되어 일본군에 끌려갈 뻔한 불행에서 벗어났으며, 광복이 되자마자 서슴없이 조국을 지키는 군인의 길을 선택했다.

또한 그는 군 생활 20년 동안 해군에서 복무할 때 2번, 해병대에서 복무할 때 2번, 도합 4번의 죽을 고비를 넘겼다. 그는 나라를 지키는 일에 젊음을 바쳤으며, 군복을 벗은 지 50년이 지난 지금도 무인(武人)으로 살고 있는 영원한 해병(海兵)이다.

국군열전 시리즈 '무적해병의 전설, 공정식' 편은 공정식이라는 인물의 애국적이고 드라마틱했던 삶을 소개하는 책이지만, 불굴의 해병정신으로 조국을 수호해온 해병대의 진면목을 알리는데도 그 목적이 있다.

아무쪼록 창군(創軍)과 6·25전쟁, 그리고 대한민국의 발전 과정에서 대한민국 해병대가 감내(堪耐)했던 희생과 나라사랑 정신을 알리는데 이 책이 조금이나마 도움이 되었으면 한다.

— 2016년 늦가을, 남산 자락 두텁바위 마을의 누옥에서

## 목 차

7 시작하는 글

15 무적해병(無敵海兵)
17 해군을 동경한 소년
21 해군병학교 입교
26 해군 소위 임관
29 여수 제14연대반란사건
33 사지(死地)에서 벗어나다
40 해병대 창설을 건의하다
44 몽금포에 핀 전우애라는 이름의 꽃
54 최초의 전투함 701(백두산)함 인수
59 704(지리산)함도 인수하다
70 해병대로 소속을 바꾸다
76 무적 전설의 서막 737고지전투
82 막걸리나 보내주십시오
89 고난의 포위돌파작전
98 무적해병의 전설 도솔산전투

| | |
|---|---|
| 105 | 해병의 눈물 |
| 108 | 해병대가 서울을 지키시오 |
| 111 | 상륙작전의 교리를 세우다 |
| 118 | 국민에게 봉사하는 군대 |
| 122 | 역사의 갈림길에서 |
| 139 | 염하상륙훈련 |
| 141 | 요강파티 |
| 144 | 해마훈련 |
| 148 | 청룡은 간다 |
| 165 | 외화획득 전선의 선봉장 |
| 168 | 대통령의 술벗 |
| 174 | 국회에 입성하다 |
| 180 | 영원한 해병 |

| | |
|---|---|
| 184 | 이력과 경력 / 상훈 |
| 187 | 참고문헌 |
| 189 | 인명색인 |

# 무적해병의
# 전설

|

# 공정식

# 무적해병(無敵海兵)

대한민국 해병대에게는 항상 두 개의 별칭이 따라다닌다. 하나는 '귀신 잡는 해병'이고, 다른 하나는 '무적해병(無敵海兵)'이다. 이 두 개의 별칭은 대한민국 해병대의 용맹성과 강인성을 한마디로 상징한다.

'귀신 잡는 해병'은 통영상륙작전에서 기인한다. 북한군의 기습남침으로 시작된 6·25전쟁 개전 초기인 1950년 8월 중순 무렵, 호남지역으로 우회한 북한군 7사단이 경상남도 통영까지 밀고 내려왔다. 거제도를 거쳐 임시정부가 있는 부산으로 진격하기 위해서였다. 대한민국의 운명은 그야말로 바람 앞의 등불이나 마찬가지였다. 이 절체절명(絶體絶命)의 위기에서 대한민국을 구해낸 부대가 바로 해병대 김성은 부대였다.

김성은(金聖恩·당시 26세) 대령이 지휘하는 김성은 부대는 불과 500여 명으로 편성된 대대 규모의 부대였다. 하지만 마산 진동리전투(8월 1일~8월 11일)에서 북한군 6사단에게 대승을 거둬 전 부대원이 1계급 특진을 할 정도의 막강한 부대였다.

8월 17일, 김성은 부대는 해군 함정 7척의 지원을 받아 야음을 이용해 통영 장평리에 상륙했다. 그리고 통영의 길목인 원문고개를 차단한 후 통영읍으로 진격하여 북한군 7사단을 단숨에 궤멸시켰다. 적 사살 274명, 포로 147명의 전과를 올린 반면, 우리 측 피해는 전사 5명, 부상자 17명에 불과한 대승이었다. 통영을 사수하여 낙동강 방어선의 서쪽이 뚫리는 것을 막아낸 쾌거였다.

이때 '뉴욕 헤럴드 트리뷴지'의 종군 여기자 마거릿 히긴스(Margarett Higgins)가 한국 해병대의 전공을 '귀신 잡는 해병(They might capture even the devil)'이라는 제목으로 보도했다. 이후 '귀신 잡는 해병'은 한국 해병대의 영원한 별명이 되었다.

해병대의 또 다른 별칭인 '무적해병'은 도솔산전투에서 유래되었다. 1951년 6월, 해병대 제1연대가 중동부전선의 중심부인 '삼각산악지구' 도솔산 일대에서 6·25 전사(戰史)에 빛나는 대승을 거뒀다. 한국 해병대가 6월 4일부터 17일 동안 북한군 12사단과 32사단을 상대로 치열한 공방전을 펼친 끝에 도솔산을 포함한 22개의 고지를 점령한 도솔산전투. 이 전투가 바로 '무적해병'의 전설을 창조한 전투였다.

당시 제1대대를 지휘하여 1,125명의 적을 사살하고 23명을 생포하여 해병 1연대 중에서도 가장 큰 전과를 올렸던 공정식 소령. 그는 '귀신 잡는 해병'의 신화를 창조한 김성은과 함께 해병대의 전설로 남아 있다.

## 해군을 동경한 소년

　공정식(孔正植)은 일제 강점기였던 1925년 9월 3일, 경상남도 밀양군 초동면 덕산리에서 중농(中農)인 공인수(孔隣琇)와 김회출(金會出) 부부의 3남1녀 중 막내로 출생했다.

　일제 강점기 때 대부분의 농민은 일본인이나 조선인 유지들에게 땅을 빌려 농사를 짓는 소작농(小作農)이었다. 한마디로 농민의 대부분이 가난을 대물림하며 연명하는 빈농(貧農)이었던 것이다. 따라서 농민의 아들로 태어나 학교를 다닌다는 것은 커다란 행운이었다.

　그리 큰 부자는 아니었어도, 자기 땅에서 농사를 짓는 자작농(自作農)에서 태어난 공정식은 면(面)에 단 하나뿐인 밀양초동공립보통학교(지금의 초등학교)에 다닐 수 있었다. 보통학교를 졸업한 공정식은 1940년 봄, 마산공립상업학교에 진학했다. 당시의 상업학교는 5년제로서 요즘의 상업고등학교에 해당된다.

　공정식이 12세의 소년이었던 1937년 7월 7일, 일본은 중일전쟁(中日戰爭)을 일으켜 중국 대륙을 침략하기 시작했다. 이 무렵까지만 해도 조

마산공립상업학교 재학 시절의 공정식

선인을 군대에 받아들이지 않았던 일본은 부족한 병력을 보충할 목적으로 1938년 2월 2일, '육군특별지원병령'을 공포하고 조선인 지원병을 모집했다. 말이 지원병이지 지역별로 인원을 할당한 강제징집이었다.

일본의 침략야욕은 여기에서 멈추지 않았다. 중국에서 전쟁을 하는 한편, 동남아의 국가들을 침범하여 전선을 확대했던 것이다. 그리고 마침내는 선전포고도 없이 세계 최강국인 미국을 침범하기에 이른다. 1941년 12월 7일, 하와이 진주만을 기습적으로 공습하여 태평양전쟁을 일으켰던 것이다.

진주만 기습은 악수(惡手) 중의 악수였다. 일본 제국주의가 종언을 고하는 단초가 되었던 것이다. 미국의 반격에 패전을 거듭하던 일본 정부는 1943년 8월 1일, 징병제를 실시하여 일본인은 물론 조선인 청년들까지 본격적으로 전장에 끌고 갔다.

일본은 그것으로도 모자라 학생들까지 동원하여 군사시설에서 노동을 시켰다. 공정식도 4학년(1943년) 때부터 마산과 인접한 진해로 끌려가 비행장 활주로를 닦는 일에 동원되었다고 한다.

진해는 일본군 해군기지인 '진해요항부(鎭海要港部)'가 설치된 곳이었다. 자연히 멋스러운 정복 차림의 일본군 해군 장교들과 자주 마주치게 된 공정식은 그때마다 "독립이 된 조국의 해군 장교가 된다면 오죽이나 좋을까." 하는 상상을 했다고 한다.

1944년 12월, 마산공립상업학교를 졸업하자마자 공정식에게도 소집영장이 날아들었다. 이때부터 공정식은 광복이 되는 1945년 8월 15

일까지 언제 전쟁터로 끌려가나 하는 불안감에 시달려야 했다. 그것은 모든 조선인 청년들이 겪었던 공포였다. 공정식 주위의 친구들 중에서도 수많은 사람이 일본군에 끌려가 돌아오지 못했다. 다행히도 공정식은 일본군에 강제징집을 당하지 않고 광복을 맞이할 수 있었다.

# 해군병학교 입교

손원일

　1946년 1월 초, 일자리를 구하기 위해 부산의 누님 집에서 머물던 공정식은 거리에서 눈이 번쩍하는 반가운 벽보 한 장을 보게 된다. 해군병학교(海軍兵學校: 해군사관학교의 전신) 생도를 모집한다는 벽보였다.

　광복 후 가장 먼저 출발한 군 조직은 해군이었다. 훗날 초대 해군총참모장이 되는 '해군의 아버지' 손원일(孫元一·당시 36세)이 1945년 11월 11일, 해군의 전신인 해방병단(海防兵團)을 창설한 것이다. 손원일은 상해 임시정부에서 제2대 의정원장(지금의 국회의장)을 지낸 독립투사 손정도(孫貞道) 목사의 장남이다.

해방병단 창설 기념식. 앞줄 오른쪽에서 ④손원일

경상남도 진해에 해방병단 총사령부를 설치한 손원일은 그해 12월, 최초의 사관생도 모집공고를 신문에 냈다. 그리고 서울과 부산, 진해의 주요 거리 곳곳에 모집벽보를 붙였다. 공정식의 눈에 띈 벽보가 바로 그 벽보였던 것이다. 공정식은 즉시 원서를 접수했다. 학생 시절 꿈꾸었던 '내 나라를 지키는 해군 장교가 되는 일'에 망설일 이유가 전혀 없었다고 한다. 전국에서 900여 명의 지원자가 쇄도했는데, 필기와 면접시험을 통해 모두 90명이 선발되었다. 공정식도 10대 1의 경쟁률을 뚫고 합격자 명부에 이름을 올렸다.

해군병학교 1기생.
앞줄 가운데 외국인이 미 고문관, 그 왼쪽 안경 쓴 사람이 손원일 참령(소령)이다.

선발된 90명의 생도들은 1946년 2월 8일, 해군병학교에 입교했고, 그 다음날인 2월 9일에 입교식을 가졌다. 손원일 해방병단 총사령관은 해방병단을 창설할 당시 공이 많았던 하사관들과 수병들에게도 해군병학교에 입교할 수 있도록 배려를 했다. 이들을 대상으로 별도의 시험을 치러 23명을 추가로 선발했다. 이로써 해군병학교 1기생들은 모두 113명으로 늘어났다.

생도들이 배워야 할 공통과목은 해병학, 대수, 물리, 국사, 국어국문, 영어, 훈육, 체육학, 지정학, 군사, 항해, 항해기업(航海技業), 운용학, 기관, 군법 등이었다.

3월 16일부터 병과(兵科:항해과), 기관과, 통신과로 나뉜 생도들은 관

미 제7함대 구축함에서 실습 중인 공정식 생도

해군병학교 시절 공정식 생도

련과목을 추가로 이수해야 했다. 병과 생도들은 병포학·기상학·측기학(測器學) 등을 배워야 했고, 기관과는 박용기관학·박용기계학·터빈·보조기관학·전기공학 등을, 그리고 통신과는 전기학과 자기학을 이수해야 했다.

 학과 수업이 끝나면 축구, 농구, 야구, 정구 등의 체육활동으로 체력을 기르는 한편 연극이나 악기연주, 서예, 문학 등 각종 문예활동도 해야 했다. 말 그대로 눈코 뜰 사이가 없는 스파르타식 교육을 받았던 것이다.

약 6개월 동안 강의실 수업이 진행된 후 8월부터는 해상실습에 들어갔다. 당시 38도선 이남의 해안에는 미 해군 7함대 소속의 구축함들이 초계경비를 하고 있었는데, 생도들은 이 함정들에 승선하여 해상훈련을 받았다.

# 해군 소위 임관

 1946년 12월 15일, 미 해군 구축함에서 실습 중이던 생도 61명이 해군 소위로 임관했다. 113명이었던 1기생 가운데 50%가 조금 넘는 생도들만 임관한 것을 보면, 교육 과정이 얼마나 엄격했는지를 알 수 있다. 졸업식은 해상실습과정을 마친 생도들이 모두 복귀한 후인 1947년 2월 7일에야 거행됐다.
 하지만 일본 요코스카(橫須賀)의 미 7함대에서 실습교육을 받았던 공정식은 2월 15일에 진해로 귀대하는 바람에 졸업식에는 참석하지 못했다고 한다.
 해군사관학교 1기생들은 이후 대한민국 해군과 해병대의 발전에 중추적인 역할을 담당하게 된다. 이들 중에서는 이 책의 주인공인 공정식 제6대 해병대사령관과 네 명의 해군참모총장이 배출되는데, 6대 이맹기, 7대 함명수, 8대 김영관, 9대 장지수 총장이 그들이다.
 해군병학교를 졸업한 공정식은 모교에 남아 훈육관으로 복무하게 된다. 훈육관은 2기 생도들의 생활을 지도하는 직책이었다. 훈육관 시절 공정식이 가장 힘들었던 일은 좌익계열의 학생들을 지도하는 일이었다.

1945년 8월 22일, 평양에 진주한 소련군과 소련의 앞잡이 김일성은 일사천리로 북한지역을 공산화시켰다. 하지만 남한지역의 사정은 그와 달랐다. 미 군정청(軍政廳)은 사상의 자유를 허용했다. 이 때문에 남한지역에서는 우익세력과 소련을 등에 업은 좌익세력 간의 대립이 첨예했다.

그것은 군(軍)의 경우도 마찬가지였다. 미 군정청이 육군의 전신인 국방경비대(國防警備隊)를 창설(1946년 1월 14일)할 때, 미 군정청의 고문 역할을 수행했던 이응준(李應俊·초대 육군총참모장 역임)은 실무자이던 군무국 차장 아고(Reamer W. Ago) 대령에게 신원조사를 실시하여 공산주의자들을 솎아내자고 제안했다.

하지만 아고 대령은 "미국에도 공산당이 있다. 그러나 그들이 군대에 존재하지 않는 것은 군기(軍紀)가 있기 때문이다."라며 이응준의 주장을 일축하고 말았다. 미 군정청은 좌익이든 우익이든 어느 편에도 치우치지 않는다는 불편부당(不偏不黨)의 원칙을 세우고 분별없이 대원을 모집했다. 이 때문에 좌익세력이 국방경비대에 대거 침투하였고, 그 사정은 해군의 경우도 다르지 않았다.

2기 생도들 중에도 좌익계열이 많았다. 훈육관이었던 공정식은 그들을 계도하느라고 몹시 애를 먹었다고 한다. 좌익계열이 많았던 2기 생들은 입학생 86명 중 48명만이 졸업을 하게 된다.

1947년 6월에 중위로 진급한 공정식은 그해 12월, JMS 302(통영)정의 정장을 맡아 해상근무를 하게 된다. 302정의 주 임무는 '맥아더라인' 경비였다. 맥아더라인은 1945년 9월 2일, 미 극동군사령관 맥아더 원수가 대한민국과 일본 해역 사이에 설치한 해상 경계선이었다. 이후 일본 어선들은 일본 쪽 선 안에서만 조업을 해야 했다.
　하지만 일본 어선들은 라인을 넘어 수시로 우리 해역을 침범했다. 특히 제주도 남쪽 해역으로 일본 어선들이 많이 넘어와 불법조업을 했다. 302정은 일본 어선들을 검문하여 불법조업 사실이 확인되면, 배를 나포하여 인근 항구의 세관(稅官)에 인계하는 임무를 수행했다. 공정식은 302정 정장으로 근무하던 1948년 6월에 대위로 진급한다.

## 여수 제14연대반란사건

　광복 이후 미국과 소련은 미소공동위원회를 구성하여 한반도의 미래를 논의했다. 미국은 남북한 총선거를 실시하여 한반도에 통일된 정부를 수립하고 미군과 소련군 모두 철수하자고 주장했으나, 이미 북한 지역의 공산화에 성공한 소련은 이런 이유 저런 핑계를 들어 미국의 주장을 회피했다.

　결국 미소공동위원회는 1947년 8월 12일에 결렬되었고, 소련과 협상을 통하여 남북한 통일정부를 수립하는 것이 어렵다고 본 미국은 1947년 9월 17일, 한반도 문제를 UN에 이관하고 말았다. 그 결과 1947년 11월 14일, UN은 남북한 자유총선거를 실시해 한반도에 통일된 정부를 수립하기로 결의했다.

　다음해인 1948년 1월 8일, UN한국임시위원단이 남한에 들어왔다. 남북한 총선거를 진행하기 위해서였다. 하지만 소련은 UN한국임시위원단이 북한 지역으로 들어오는 것을 거부했다. 결국 UN은 1948년 2월 26일, UN의 감시가 가능한 남한에서만 총선거를 치르기로 결의를 했다. 그것이 바로 1948년 5월 10일에 치러진 5·10총선거이다.

하지만 소련과 김일성은 그것을 좌시(坐視)하지 않았다. 남로당에게 5월 10일로 예정된 남한만의 단독선거를 방해하라는 지령을 내린 것이다. 남한 전역에서 선거방해 테러가 자행됐다. 그 중에서도 가장 큰 사건이 4·3사건이었다. 남로당 제주도당 군사부책(軍事部責) 김달삼(金達三)이 지휘하는 좌익무장대가 1948년 4월 3일, 제주도 전역에서 12개 경찰지서와 우익인사들을 습격하여 살해하는 폭동을 일으켰다.

이에 제주도 주둔 조선경비대(1948년 9월 5일, 육군으로 명칭 변경) 제9연대, 그리고 8도의 경찰청에서 선발된 8개 중대 1,700여 명의 경찰병력이 토벌작전에 투입되었지만, 사태는 수습되지 않았다. 결국 제주 4·3사건은 이듬해인 1949년 5월까지 계속되었는데, 이 사건으로 양민을 포함하여 약 3만여 명의 사상자가 발생한 것으로 추정되고 있다. 실로 비극적인 사건이었다.

5·10총선거에 의해 1948년 8월 15일에 대한민국 정부가 수립되었다. 하지만 4·3사건은 완전하게 진압이 되지 않은 상태였다. 따라서 정부는 계속해서 제주도에 군 병력을 투입해야 했다.

제주도에서 가장 가까운 여단인 광주 제5여단 예하 여수 주둔 제14연대 제1대대도 증원부대로 출동명령을 받게 됐다. 14연대 1대대의 여수항 출항 시각은 1948년 10월 19일 오후 10시로 예정되어 있었다. 하지만 제14연대는 좌익계열 군인들이 가장 많이 침투해있는 연대였다.

출항 2시간 전인 1948년 10월 19일 저녁 8시경, 출동 준비를 하고 있던 14연대 내에 비상나팔 소리가 울려 퍼졌다. 연병장에 집합한 병사들은 어리둥절했다. 그들을 소집한 인물이 연대장이 아니라 인사계 지창수(池昌洙) 상사였기 때문이다. 나중에 알려진 일이지만, 지창수는 14연대 내 남로당 조직책이었다. 지창수는 병사들을 선동하기 시작했다.

"경찰이 우리를 습격하려고 이곳으로 오고 있다는 정보가 입수됐다. 즉시 응전할 준비를 갖추어야 한다. 우리들은 동족상쟁하는 제주도로 출동하는 것을 결사반대한다. 경찰을 타도한 후에는 우리의 염원인 남북통일을 위하여 궐기한다. 실은 지금 북조선 인민군이 남조선을 해방하기 위해 38도선을 돌파하여 남쪽으로 진격 중이다. 지금부터 우리는 인민해방군이 돼 조국통일을 위해 미국의 괴뢰들을 쳐부수자. 미 제국주의의 앞잡이인 장교들을 닥치는 대로 사살하라."

남로당 세포인 40여 명의 병사들이 "옳소!", "옳소!" 하고 호응했다. 지창수와 남로당 세포들은 그들에게 적극적으로 찬성하지 않거나 반대하는 하사관 4명을 그 자리에서 총살했다. 어리둥절한 상태로 모여 있던 병사들이 삽시간에 폭도로 돌변했다.

이어 제1대대장 김일영(金日永·육사 2기) 대위 등 20여 명의 장교들을 살해하고 부대를 장악한 3천여 명의 반란군은 10월 20일 오전 9시경, 여수 전 시가지를 점령했다. 남로당 여수지방 조직인 읍당(邑黨)은 재빨리 여수 인민위원회를 조직한 뒤 우익인사들과 가족들을 색출하기 시작했다. 이날부터 다음날인 21일까지 '반동'으로 분류된 경찰과 그 가족, 그리고 우익인사 등 8백여 명이 여수경찰서 뒷마당과 중앙동 로터리에서 잔혹하게 처형됐다.

  이때부터 배후에 숨어있던 대전차포 중대장 김지회(金智會·육사 3기) 중위와 순천에 파견 나가있던 홍순석(洪淳錫·육사 3기) 중위가 반란군을 지휘했다. 통근열차를 타고 순천으로 진격한 반란군은 20일 오후 3시경 순천을 완전히 장악했고, 광양, 구례, 곡성, 고흥 등지로 세력을 넓혀나갔다.

## 사지(死地)에서 벗어나다

공정식은 일생을 통해 네 번의 죽을 뻔한 고비를 넘기는데, 그 첫 번째 위기가 찾아온 날이 바로 1948년 10월 19일이었다. '육군 제14연대 반란사건' 당일인 10월 19일, 공정식 대위는 공교롭게도 여수에 있었다.

공정식은 이날 오전, 맥아더라인을 넘어와 제주도 남쪽 해상을 침범한 일본 어선 2척을 나포했다. 그리고 이날 오후, 일본 어선들을 여수세관에 인계하기 위해 여수항 북항(北港)에 입항했던 것이다.

JMS 302 통영정

일본 어선을 여수 세관에 인계한 공정식은 저녁이 다가오자 여수에 사는 지인을 불러 부두 근처 술집에서 느긋하게 술잔을 기울였다.

그런데 밤 11시경, 차가운 밤공기를 뚫고 난데없이 총성이 울렸다. 처음에는 잘못 들었나 했지만, 총소리임에 분명했다. 게다가 시내 곳곳에서 총소리가 연달아 들려왔다. 깜짝 놀란 공정식은 여수경찰서에 전화를 걸었다. 누군가가 전화를 받았다.

"나는 해군 302정 정장입니다. 지금 밖에서 총소리가 들리는데 무슨 일이오?"

전화기 저편에서 알아들을 수 없는 다급한 목소리가 들리는가 싶더니 이내 총소리와 비명소리가 이어졌고, 전화가 끊겨버렸다. 무슨 일이 나도 단단히 났다고 판단한 공정식은 배로 돌아가기 위해 술집을 나섰다. 배는 술집에서 불과 5백m가량 떨어진 곳에 계류되어 있었다.

JMS 302정장 공정식 소령

공정식은 잰걸음으로 배를 향해 걸어갔다. 얼마나 걸었을까, 어둠 속에서 갑자기 "손들어!" 하는 고함소리가 났다. 공정식은 반사적으로 두 손을 머리 위로 올렸다. 무장한 군인 2명이 총을 겨눈 채 몸을 드러냈다.

공정식은 자신이 해군 대위라고 신분을 밝혔다. 해군 정복 차림인 공정식은 한눈에 봐도 해군 장교임이 명백했다. 그들은 별 말없이 통과시켜주었다. 병사들은 야간전투훈련 중이라고 했다.

하지만 그다음이 문제였다. 얼마 지나지 않아 어둠 속에서 또 "손들어!" 하는 소리가 들리더니 다른 군인 2명이 나타났다. 공정식이 다시 신분을 밝혔지만, 이번 병사들은 만만치가 않았다. 공정식에게 손을 올린 채로 그 자리에 서있으라는 것이었다.

반란 사실을 아직 모르고 있던 공정식은 검문병사 한 명의 뺨을 후려쳤다. "나는 해군 302정 정장이란 말이야!"

뺨을 맞은 병사가 씩씩거리며 당장 발사할 듯이 총을 겨눴다가, 무슨 생각이 들었는지 다시 총구를 내렸다. 아무래도 공정식이 '해군 장교'라는 사실이 마음에 걸렸던 모양이었다.

미루어 짐작컨대 치밀한 준비 없이 갑작스럽게 폭동을 일으킨 반란군 지도부가 경찰, 그리고 자신들에게 협조하지 않는 육군 장교들을 사살하라는 지침을 내렸지만, 해군 장교에 대한 명확한 처리지침은 내리지 않았던 것으로 보인다. 또한 공정식에게 뺨을 맞은 병사는 좌익 골수분자가 아니라 엉겁결에 반란에 가담한 병사였던 것으로 보인다. 만약 좌익 골수분자였다면 그 자리에서 공정식을 사살했을지도 모르는 일이었다.

반란군 병사들은 공정식을 북항 파출소로 연행했다. 북항 파출소에서는 그야말로 목불인견(目不忍見)의 참상이 연출되고 있었다. 무장한 군인들이 파출소를 들락거리며 계속 공포를 쏘아대고 있었고, 파출소

안에는 경찰의 시체가 여기저기 널브러져 있었다. 반란군 병사들이 공정식을 파출소 바닥에 무릎 꿇렸다. 공정식은 돌아가는 사태를 파악하기 시작했다. 피살된 경찰, 병사들이 주고받는 대화내용 등 여러 가지 정황으로 미루어볼 때 좌익 군인들이 일으킨 폭동이 분명했다.

자정 무렵, 파출소 안의 반란군들이 근무교대를 했다. 위기였다. 공정식의 목숨이 교대한 병력의 책임자에게 넘어가는 순간이었다. 하지만 위기는 곧 구사일생의 기회로 변했다. 파출소에 들어서던 하사 계급장을 단 한 군인이 공정식을 알아보고 반갑게 말을 걸어온 것이다.

"아니 정장님 아니십니까, 공 대위님이 왜 여기에 계십니까?"

실로 구원의 목소리가 아닐 수 없었다. 그 하사는 남항(南港) 부두의 정부미(政府米) 창고에서 경비근무를 하던 인물이었다. 부두에서 경비를 서다보니 자연히 그 하사와 302정의 승조원들 사이에는 교류가 있었다. 그 하사는 가끔 302정에서 식사를 하고 갈 정도로 302정 승조원들과 친하게 지냈고, 자연히 공정식의 얼굴을 알고 있었던 것이다.

그 하사는 서둘러 파출소 밖으로 공정식을 데리고 나와 302정까지 직접 안내해주었다. 그야말로 천우신조(天佑神助)였다. 밤 11시부터 자정까지 불과 1시간 동안 염라청(閻羅廳) 문턱까지 갔다가 살아 돌아온 것이다.

배로 귀환한 공정식은 즉시 출항하여 외항(外港)으로 나갔다. 그리고 해군본부에 급보를 타전했다. 10월 20일 오전 3시경이었다.

"여수읍이 폭도에게 점령당함. 경찰서가 방화되고 읍내는 총성으로 가득함."

 14연대의 반란사건을 알리는 첫 보고였다. 여수 읍내의 모든 관공서와 공공기관이 반란군에게 점령되었기 때문에, 공정식의 보고가 있기 전까지 서울에서는 이 사실을 까맣게 모르고 있었다.

 10월 20일 오전 5시 30분쯤, 해군총사령관 손원일 대령으로부터 "지방에서 자주 일어나는 소규모 소요가 아닌지 재확인할 것. 귀정은 추후 여수항에 대기하면서 상황을 파악해 적시에 보고할 것."이라는 지시가 내려왔다. 전문을 받은 공정식은 반란군의 동태를 살피기 위해 다시 여수 내항(內港)으로 진입했다.

 한편, 해군본부로부터 14연대의 폭동 사실을 보고받은 정부는 10월 20일 이른 아침에 비상대책회의를 소집했다. 비상대책회의는 육군과 해군을 여수에 투입(공군은 1949년 10월 1일에 육군에서 독립)하여 진압작전을 펼치기로 결정했다.

 서울에서 비상대책회의가 열리고 있을 때쯤, 공정식은 남항 부두에서 배를 향해 애타게 두 손을 흔드는 육군 장교 두 사람을 발견했다. 단정(短艇)을 부두에 보내 구출해온 사람들은 광주 제5여단의 참모장 오덕준(吳德俊) 중령과 14연대장 박승훈(朴勝勳) 중령이었다. 두 사람이 남항 부두까지 오게 된 상황은 다음과 같았다.

 5여단 참모장 오덕준 중령은 예하부대인 14연대 1대대의 제주도 파견을 환송하기 위해 10월 19일 저녁, 여수에 도착했다. 한편, 14연대장 박승훈 중령과 연대 참모진은 여수항에서 LST(상륙함정)에 화물을 적

재하는 작업을 감독하고 있었다.

1대대가 부대 위병소를 나서는 시각은 밤 9시, 출항 시각은 밤 10시로 예정되어 있었다. 부대가 위치한 신월리(新月里)에서 여수항까지는 6㎞로, 차량으로 이동하면 10분 정도 걸리는 거리였다. 그런데 10분은커녕 출항예정 시각인 밤 10시가 되어도 출동병력이 나타나지 않았다.

박승훈 중령이 반란이 일어난 것을 알게 되는 시각은 밤 11시경이었다. 가까스로 부대에서 탈출한 수송 장교가 달려와 반란 소식을 보고한 것이다. 박승훈 중령은 상급부대에서 파견 나온 오덕준 중령을 찾아가 이 사실을 보고했다. 오덕준 중령과 박승훈 중령은 지프를 타고 황급히 부대로 향했다.

하지만 부대가 가까워올수록 병사들의 고함소리와 총소리가 밤하늘을 갈랐고, 모든 것이 혼란스러워 도저히 상황을 파악할 길이 없었다. 결국 두 사람은 반란군을 피해 남항부두로 몸을 피했고, 해군 함정이 보이자 구원을 요청했던 것이다.

공정식이 이 상황을 해군본부에 보고하자, 두 사람을 부산기지로 이송하라는 지시가 내려왔다. 두 장교를 통해 반란군과 여수읍의 상황을 정확하게 파악하기 위해서였다. 공정식은 즉시 부산으로 달려가 두 사람을 부산기지사령관에게 인계하고 다시 여수로 돌아왔다.

"14연대반란사건 당시 나는 해군의 302정장으로 있었습니다. 육군에서는 광주에 있던 육군 5여단을 여수로 남하시켜서 소탕작전을 하고, 해군에서는 내가 302정에서 반란군들이 바다로 탈출하지 못하게끔, 거기서 내가 계속해서 주둔하고 있었어요. 순찰도 하고."[1]

10월 21일, 반란군토벌전투사령부 총사령관에 임명된 육군총사령관 송호성(宋虎聲) 대령이 광주에 도착했다. 송호성 사령관은 김백일(金白一) 대령이 이끄는 광주 5여단 예하의 4연대(광주 주둔)와 3연대(전주 주둔), 원용덕(元容德) 대령이 지휘하는 대전 2여단 예하의 2연대(대전 주둔)와 12연대(군산 주둔), 그리고 부산 3여단 예하의 15연대(마산 주둔) 병력을 급파했다.

해군도 PG-313 충무공정, 505정, 510정, 516정, 302정, 304정, 305정, 구룡정으로 임시정대를 편성하여 여수항에 파견했다. 해군의 임무는 반란군을 토벌하는 육군을 지원하는 한편, 해상으로 탈출을 기도하는 반란군을 봉쇄하는 것이었다.

10월 22일, 토벌군이 순천을 탈환했다. 토벌군은 계속해서 포위망을 압축해가며 여수로 진격했다. 10월 25일, 공정식의 302정이 다시 부산으로 향했다. 부산에 주둔하고 있는 제5연대 1대대 병력을 LST에 태워 여수항에 상륙시키기 위해서였다. 부산에서 병력을 인수한 302정과 LST가 여수 해역으로 돌아온 시각은 10월 27일 새벽이었다.

---

1) 공정식 증언, 2010년 3월 3일, 해병대기념관

# 해병대 창설을 건의하다

10월 27일 날이 밝기 시작할 무렵, 공정식은 남항 부두에서 상륙작전을 개시했다. 남항 부두에는 육군 토벌군에게 쫓긴 반란군들이 모여 있었다. 그들은 바다로 탈출을 시도하려 했지만, 항구를 봉쇄한 해군 함정들 때문에 그럴 수도 없었다. '독안에 든 쥐' 꼴이 되어 악에 받친 반란군들은 시민들을 강제로 끌고 와 인민재판을 벌이고 있었다.

공정식의 눈앞에서 선량한 시민들이 죽어가고 있었다. 그냥 보고만 있을 수는 없는 일이었다. 302정에는 37㎜ 대전차포가 탑재되어 있었다. 37㎜ 대전차포의 포탄은 철갑탄으로서, 폭발하는 탄이 아니었다. 이 포탄은 전차에 발사하여 관통을 시키는 기능만 가지고 있었다. 쉽게 말해 함포로서의 역할을 전혀 못하는 탄이었던 것이다. 그래도 포성(砲聲)은 함포를 발사할 때 나는 소리와 다르지 않았다.

302정이 37㎜ 포를 발사하며 부두로 돌진했다. 포탄의 위력은 크지 않았지만, 엄청난 포성에 기가 질린 반란군들이 흩어지기 시작했다. 302정이 반란군들과 교전하는 사이 LST가 무사히 남항 부두에 접안했다. 5연대 1대대 병력이 순식간에 부두로 쏟아져 들어가 잔당 소탕 작전에 가세했다. 반란군들이 거세게 저항했지만, 이미 대세는 토벌군 쪽으로 기울어 있었다. 결국 이날 육군 토벌군이 여수를 탈환했다.

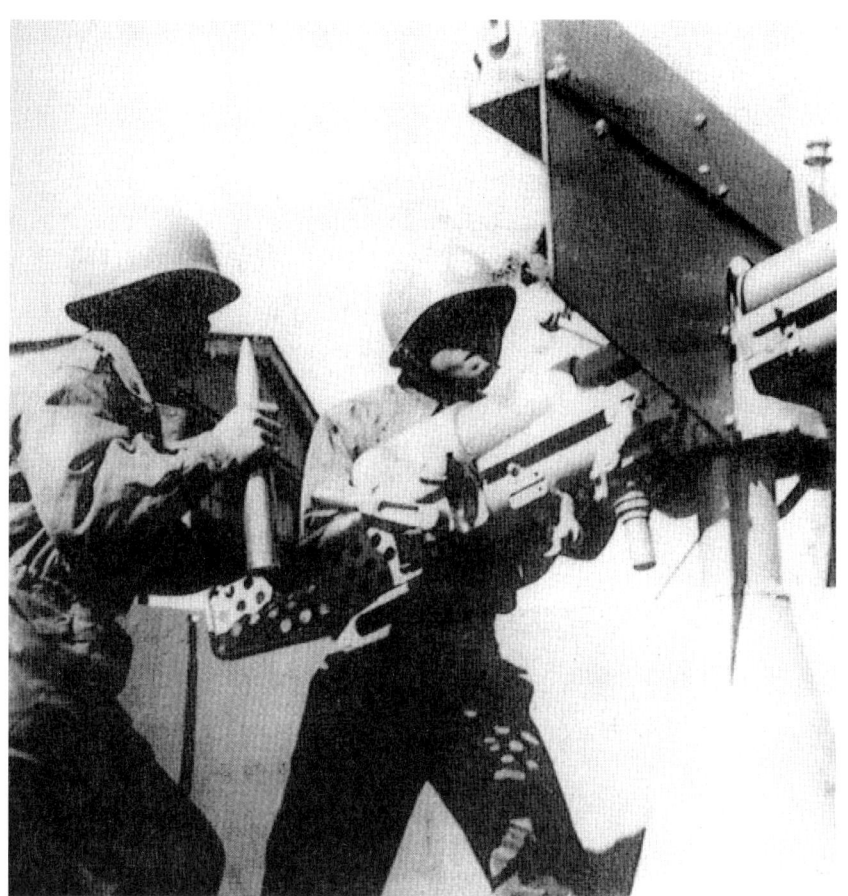

302정에 장착된 37㎜ 대전차포. 당시에는 포가 부족하여 작전에 나가는 함정에만 장착했다.

여수가 수복된 다음날인 10월 28일, 손원일 해군총사령관이 신현준(申鉉俊) 중령과 함께 여수에 도착했다. 손원일은 다음날인 10월 29일, 토벌작전에 참가한 해군 함정들을 시찰한 후 302정을 방문했다. 공정식 대위로부터 그동안의 작전경과를 보고받기 위해서였다. 반란군토벌작전에 처음부터 끝까지 참가했던 유일한 해군장교가 공정식이였기 때문이다.

공정식은 손원일에게 반란군토벌작전에서 드러난 문제점들을 보고했다. 특히 그가 강조한 것은 우리 군에도 해병대가 필요하다는 것이었다.

"내가 302정장으로 있으면서 여수항에서 반란사건이 난 것을 뻔히 보고 있으면서도 아무 역할을 하지 못했습니다. 그래서 손원일 사령관에게 "앞으로 우리 해군에도 미국과 같은 해병대가 필요합니다. 만약 우리에게 해병대가 있었더라면 곧 상륙해서 공비를, 그리고 반란군을 소탕할 수 있었을 것입니다. 우리가 함정에서만 순찰하고 있었기 때문에 뻔히 눈으로 보면서도 반란군을 소탕하지 못했습니다. 앞으로는 해병대 창설이 필요합니다." 하니까, 손원일 사령관께서 내가 보고하는 사항을 잘 듣고 있다가 이승만 대통령에게 "한국 해군에도 해병대가 필요합니다." 하고 해병대 창설을 건의했습니다. 이승만 대통령이 즉시 손원일 사령관의 건의를 받아들여서 한국 해병대를 만든 것입니다. 그것이 한국 해병대가 생긴 동기입니다."[2]

---

2) 공정식 증언, 2010년 3월 3일, 해병대기념관

해병대 간부들.
두 번째 줄 왼쪽에 앉아있는 사람이 신현준 사령관, 오른쪽이 김성은 참모장

 공정식 대위의 보고를 들은 손원일 사령관은 신현준 중령에게 이 내용을 전투상보(戰鬪詳報)에 포함하여 제출하라고 지시했다. 공정식 대위의 전투상보는 신현준과 손원일을 거쳐 국방부와 이승만 대통령에게 보고되었고, 그 결과 1949년 4월 15일에 해병대가 창설되게 된다. 결국 해병대는 공정식의 전투상보가 계기가 되어 창설된 것이라 하겠다.
 재미있는 사실은 전투상보를 작성한 공정식과 신현준 두 사람 모두 훗날 해군에서 해병대로 소속을 바꿨다는 것이다. 신현준은 해병대 초대사령관이 되어 해병대의 초석을 놓았고, 공정식은 제6대 해병대사령관을 역임하며 해병 청룡부대의 베트남 파병을 주도하게 된다. 특히 공정식의 경우, 비록 자신이 해병대 창설을 건의했지만, 그로부터 불과 2년여 후에 자신도 해병대에 몸담게 되리라고는 꿈에서도 생각하지 못했을 것이다.

# 몽금포에 핀 전우애라는 이름의 꽃

1949년 8월 10일, 인천경비부에서 관리하고 있던 주한 미 군사고문단장 로버츠 장군의 전용보트를 좌익 계열의 안성갑 하사가 몰고 월북하는 사건이 발생했다. 북한의 도발에 좌시할 수 없었던 해군은 북한의 몽금포항에 계류되어 있는 것으로 알려진 로버츠 장군의 전용보트를 다시 찾아오기로 했다.

로버츠 장군의 전용보트를 되찾아오는 이 작전을 처음 기안한 사람은 공정식의 해군사관학교 1기동기인 해군 정보감 함명수(咸明洙·제7대 해군참모총장 역임) 소령과 서해첩보부대장 이태영(李泰永) 소령이었다. 이태영이 육상으로 침투하여 몽금포항에서 교란작전을 펴는 동안 함명수가 20여 명의 특수대원들과 함께 해상으로 침투하여 로버츠 장군의 보트를 탈취해오기로 했다. 사정이 여의치 않을 경우에는 보트를 폭파시키고 돌아온다는 작전이었다.

처음에는 해군 정보국 단독작전으로 계획되었던 이 작전은 그 후 이용운(제4대 해군참모총장 역임) 중령이 지휘하는 제1정대가 특공대를 엄호하는 것으로 변경되었다.

8월 17일 02시, 제1정대 사령 이용운 중령의 지휘 하에 기함 충무공정(PG-313)을 위시하여 JMS-301(대전)정, 302(통영)정, 307(단천)정과 YMS-503(광주)정, 513(김천)정 등 함정 6척이 인천항에서 출항했다. 적의 감시를 피하기 위하여 장산곶 서쪽을 우회한 정대가 몽금포 앞바다에 도착한 시각은 17일 06시였다.

함명수 소령

함명수 소령을 비롯한 20명의 특공대원들이 5척의 고무보트에 나눠 타고 항구 안으로 돌입을 시도했다. 하지만 얼마 못가 북한군에게 발각되고 말았다. 항구 해안 초소와 부두에 정박하고 있던 함정들이 일제히 불을 뿜기 시작했다.

갑자기 뜻하지 않은 사고가 발생했다. 몽금포 내항으로 기세 좋게 달려가던 5척의 보트들 중 4척이 한꺼번에 엔진 고장을 일으켜 정지해 버린 것이다. 오직 함명수 소령이 탄 보트만이 건재했다. 함명수는 포기하지 않고 돌진을 계속했다.

그것도 잠시, 선수에서 대원들을 독려하던 함명수가 돌연 쓰러지는 것이 공정식의 눈에 보였다. 함명수가 양쪽 넓적다리에 관통상을 입고 만 것이다. 이 상황을 목격한 공정식이 함명수의 보트로 달려갔다. 적선에서 발사하는 총탄이 빗발치듯 302정으로 날아왔다. 공정식은 그 때가 자신의 인생에서 두 번째 죽을 뻔한 고비였다고 회고한다.

"그냥 내버려 두면 동기생이 적진에서 전사하거나 포로가 될 형국이었어요. 총알이 터져라 맹렬히 중기관총을 쏘아대면서 함 소령이 쓰러진 보트로 달려갔습니다. 함 소령이 양쪽 넓적다리에 관통상을 입은 채 보트 위에 쓰러져 신음하고 있더군요. 나는 단정(短艇)에 함 소령을 태워 군의관이 있는 충무공정으로 보내고, 몽금포항으로 돌진했습니다."[3]

302정은 37㎜ 대전차포와 중기관총을 난사하며 몽금포항을 뒤집어 놓았다. 북한 경비정 4척이 순식간에 파괴 또는 침몰되었다. 기세가 오른 302정 승조원들은 1척 남은 북한군 경비정(18호)으로 뛰어올라가 육탄전을 벌인 끝에 배를 나포하고, 북한군 군관을 포함한 5명의 적을 생포하는 전과도 올렸다.

훗날 함명수는 술좌석에서 평양사범학교 동기인 이근삼(李根三) 서강대 교수에게 이 이야기를 들려주게 된다. 공정식과 함명수의 아름다운 전우애(戰友愛)를 전해들은 이근삼 교수는 몹시 감동하여, 두 사람의 우정을 기리는 '몽금포에 핀 아름다운 한 송이 꽃, 이름 하여 전우애'라는 제목의 시를 지었다고 한다.

---

3) 공정식 증언, 2013년 4월 30일, 해병대기념관

공정식은 북한군 경비정 18호를 예인하여 8월 18일, 인천으로 귀항하여 미군 방첩부대에 인계했다. 포로들을 심문하는 과정에서 몽금포항에 계류되어 있는 줄 알았던 로버츠 장군의 보트가 평양의 대동강으로 옮겨졌다는 사실이 밝혀졌다.

비록 로버츠 장군의 전용보트는 이미 대동강으로 옮겨져 찾아올 수 없었지만, 북한군 경비정 4척을 격침하고, 1척의 경비정과 5명의 북한군, 각종 무기와 암호서류 등을 노획한 해군은 의기양양해했다.

하지만 사건은 엉뚱한 방향으로 전개되었다. 무초(John Joseph Muccio) 주한 미국대사가 대한민국 정부에게 "남한 부대가 38도선을 월경했다."고 강력하게 항의를 해온 것이다. 이후 김일성은 이 작전을 끈질기게 정치적으로 이용했다. 훗날 자신이 도발한 6·25전쟁의 도화선이 바로 몽금포작전이었다고 선전했던 것이다.

국제적으로 민감한 문제이기 때문이었는지 몽금포작전은 한동안 입에 올려서는 안 되는 것처럼 금기시되어 왔고, 역사적인 평가도 제대로 받지 못했다. 참전자들의 증언과 회고록을 통해 전해지던 몽금포작전이 공식적인 역사로 등재된 것은 2012년이었다. 그해 6월, 해군본부가 펴낸 '6·25전쟁과 한국해군작전'에 정식으로 수록이 된 것이다.

그리고 몽금포작전이 실시된 지 66년이 지난 2015년 9월 15일, 인천 월미공원에 몽금포작전전승비가 건립되었다. 대한민국 정부는 같은 해 9월 8일, 국무회의에서 유공자들에 대한 포상도 결정했다.

몽금포작전전승비

그 결과 공정식 장군은 무공훈장 중 최고의 훈장인 태극무공훈장을, 함명수 제독은 2등급인 을지무공훈장을, 김상길 예비역 소장(당시 소령·301정장)은 4등급인 화랑무공훈장을 각각 수훈했다.

또한 故 이태영 중령(서해첩보부대장)과 故 이종철 준장(PG-313정장)에게 3등급인 충무무공훈장, 故 백운기 대령(JMS-307정장)과 남철 소장(YMS-503 정장)에게는 화랑무공훈장이 추서되었다.

2016년 4월 2일, 해군사관학교 개교 70주년 기념행사장에서 태극무공훈장을 수훈한 공정식 장군과 정부를 대표하여 훈장을 수여한 정호섭 해군참모총장

몽금포작전은 우리 군 역사상 최초의 원점타격(原點打擊) 작전이었다. 적이 도발을 했을 때, 도발의 원점 또는 발원지를 찾아내 응징 타격을 함으로써, 적에게 경종을 울리는 원점타격. 원점타격은 적이 섣불리 도발하지 못하도록 억제하는 가장 효과적인 방법이다.

북한은 정전협정 이후는 물론 21세기에 들어선 최근까지도 제1·2차 연평해전, 천안함 폭침 도발, 연평도 포격 도발, 목함지뢰 도발 등 끊임없이 도발을 자행하고 있다. 몽금포 작전은 이미 67년 전에(2016년 현재 시점) '북한의 도발에는 이렇게 대응해야한다.'는 해법을 제시한 작전이었다고 공정식 장군은 말한다.

> "천안함 폭침 도발과 연평도 포격 도발 때, 우리 정부가 과감하게 응징을 하지 않는 것을 보면서 답답하고 안타까웠습니다. 몽금포 작전을 단행하고 난 뒤 북한은 더 이상 해상도발을 하지 못했습니다. 우리 배를 끌고 가면 반드시 보복을 한다는 경종을 울린 셈이지요. 도발하는 적에겐 응징밖에 해결책이 없습니다. 도발하면 보복한다는 것을 반드시 알려줘야 합니다."[4]

대한민국의 최고 무공훈장인 태극무공훈장을 처음으로 수훈한 인물은 한국인이 아니라 미국인이다. 1950년 9월 29일 정오, 중앙청 광장에서 거행된 서울 수복 기념식장에서, 이승만 대통령이 인천상륙작

---

4) 공정식 증언, 2016년 10월 7일, 해병대전략연구소

전과 서울수복작전을 성공적으로 이끈 맥아더(Douglas MacArthur) UN군 총사령관에게 제1호 태극무공훈장을 수여했던 것이다.

하지만 공정식 장군이 수훈한 태극무공훈장의 발생일이 그보다 1년 넘게 앞서는 1949년 8월 17일이라는 점을 감안해보면, 진정한 의미의 제1호 태극무공훈장 수훈자는 공정식 장군이라고 할 것이다.

공정식 장군이 수훈한 태극무공훈장 훈장증

# 최초의 전투함 701(백두산)함 인수

1949년 5월까지 대한민국 해군이 보유하고 있던 함정세력은 모두 36척이었다. 1945년 9월에 한반도에 진주한 미군이 일본 해군으로부터 압수한 소해정(JMS)들과 미군이 지원한 소해정(YMS)들이 주력이었고, 나머지는 잡역선과 증기선, 상륙용 주정 등 함정이라 말하기 부끄러울 정도의 배들이었다.

소해정(掃海艇)은 기뢰를 제거할 목적으로 제작된 배였기 때문에 크기도 작았지만, 설계상 함포를 탑재할 수 없는 배였다. 한마디로 3인치 이상의 함포가 장착된 전투함은 단 1척도 없는 상황이었다. 그 이유는 한국군에게 공격용 무기를 제공하지 않는다는 미국의 정책 때문이었다.

해군총참모장(1954년 5월부터 총참모장 명칭이 참모총장으로 변경) 손원일 소장은 단 한 척의 전투함도 보유하지 못한 대한민국 해군의 현실을 안타까워했다. 고민을 거듭하던 손원일 총장은 전투함을 구입하기 위해 1949년 6월 1일, '함정건조기금갹출위원회'를 구성하여 모금운동을 전개했다. 처음에는 해군 장병과 해군부인회를 대상으로 시작했지만, 나중에는 일반국민들까지 참여해 4개월 만에 1만5천 달러의 기금이 모였다.

　1949년 9월 중순, 손원일 제독은 이승만 대통령에게 모금한 돈으로 전투함을 구매하겠다는 계획을 보고했다. 주한 미국대사 무초의 항의 때문에 대놓고 드러내지는 않았지만, 이승만 대통령은 해군의 몽금포 작전에 대단히 만족하고 있었다.

　그러던 참에 손원일 제독이 전투함 구매계획을 보고하자 크게 기뻐한 이승만 대통령은 전투함 구매에 보태라며 정부보조금 4만5천 달러를 내주었다. 총 6만 달러의 돈으로 함정구매를 추진할 수 있게 된 것이다. 6만 달러는 외환 사정이 어려웠던 당시로서는 어마어마한 액수였다.

　그해 10월 1일, 손원일은 서울 여의도 비행장에서 노스웨스트 항공사의 미국행 여객기에 몸을 실었다. 물론 전투함을 구입하기 위해서였다. 며칠 뒤, 전투함 인수팀도 여의도 공항을 떠났다. 인수팀은 모두 15명이었는데, 그 중에 공정식 소령(1949년 9월 1일, 진급)도 포함되어 있었다. 각 분야에서 가장 유능한 장교들로 구성된 인수요원들은 손원일 총장이 직접 선발한 사람들이었다.

　　함장: 박옥규 중령(제2대 해군총참모장 역임)
　　부장: 이건주 소령
　　갑판부: 윤영원 중령, 이성호 중령(제5대 해군참모총장 역임),

김동배 소령, 공정식 소령(제6대 해병대사령관 역임),
       송석호 소령
   기관부: 김승완 소령, 노진석 소령, 채시돌 소령, 이상원 소령,
       김진복 소령, 민흥기 소령, 권태영 대위
   통신부: 정원삼 소령

 10월 17일, 손원일 총장이 뉴저지(New Jersey) 주 호보켄(Hoboken)항에서 길이 52.9m, 톤수 450톤, 속력 18노트의 PC(Patrol Chaser: 구잠함 驅潛艦)를 1만8천 달러에 구입했다. 제2차 세계대전 당시 독일의 잠수함을 잡을 목적으로 만든 이 배는 전쟁 후 퇴역하여 미국 해양대학교 실습선으로 사용되고 있었다.
 함정을 구입했다는 연락을 받은 인수요원들은 뛸 듯이 기뻐하며 즉시 호보켄항으로 달려갔다. 오랫동안 방치된 함정은 여기저기 녹이 슬어 폐선이나 다름없었다.
 인수요원들은 인건비를 절약하기 위해 배에서 먹고 자며 직접 배를 수리하기 시작했다. 배가 워낙 낡아서 손봐야 할 곳이 한두 군데가 아니었다. 페인트칠을 다시 하고 기관을 정비하는 것이 하루 일과의 전부였다. 말이 인수요원이지 그들은 수리공이고, 정비공이었다.
 함정의 수리와 정비를 마친 손원일과 인수요원들은 1949년 12월 26일 오전 10시, 뉴욕(New York)항에서 장면 주미 대사와 조병옥 박사를 비롯한 교민들이 참석한 가운데 조촐한 명명식(命名式)을 가졌다. 배의 이름은 백두산함으로 정했다.

백두산함 명명식. 왼쪽부터 손원일 해군총참모장, 이건주 소령, 로빈슨 대위, 박옥규 함장.

이 배가 바로 우리 해군 최초의 전투함인 701함이다. 명명식을 마친 백두산함은 정오를 조금 지나 뉴욕항을 출항했다. 불과 450톤의 일엽 편주(一葉片舟)로 태평양을 건너는 무모한 여정이 시작된 것이다. 손원일 총장은 함정을 더 구입하기 위해 미국에 남았다.

백두산함은 1950년 3월 중순, 하와이에서 3인치 포를 설치하고, 이어 괌에서 포탄 1백 발을 구입한 후 1950년 4월 10일에 진해에 입항했다. 우여곡절 끝에 대한민국이 보유한 최초의 전투함 백두산함은 6·25전쟁이 발발한 1950년 6월 25일, 그 진가를 발휘한다. 이날 오후, 부산 일대에 상륙하려는 북한군의 특수부대원 600여 명을 태운 수송선을 발견하여 추적한 끝에 대한해협에서 격침(6월 26일 01시 38분)시키는 전공을 세운 것이다.

PC-701 백두산함

## 704(지리산)함도 인수하다

 한편, 미국에 남아 전투함을 싸게 구입하기 위해 동분서주하던 손원일 제독은 미 국무성 관리로부터 배를 싸게 사는 방법을 알게 된다. 제2차 세계대전이 끝난 후 미국은 수많은 군함들을 무장해제한 후 민간업자에게 불하(拂下)했는데, 흥정만 잘하면 아주 싼 값에 살 수 있다는 정보였다.
 이 얘기를 듣고 미국 서해안의 산 피에트로항에 있는 유대인 선주를 찾아간 손원일은 밀고 당기는 흥정 끝에 백두산함과 같은 급인 PC 세 척을 척당 1만2천 달러에 구입하는데 성공했다. 이 배들이 바로 PC-702 금강산함, PC-703 삼각산함, PC-704 지리산함이다.
 1950년 3월 21일, 손원일은 해군본부에 전보를 보내 최효용 소령(갑판), 최봉림 소령(기관), 김대륜 대위(통신) 세 사람을 인수 선발대로 뽑아 즉시 파견하라고 지시했다. 며칠 후, 세 척의 PC가 계류되어 있는 롱비치(Long Beach)항에 당도한 선발대는 즉시 배의 정비와 수리작업에 들어갔다.

PC 세 척의 정비작업이 어느 정도 진척되어가던 5월 10일, 손원일은 해군본부에 인수단 본대 요원 75명을 선발하여 롱비치항으로 보내라고 지시했다. 공정식은 이번에도 인수요원으로 선발되었다. 704함의 부장(副長: 부함장)으로 발령이 난 것이다. 백두산함을 인수하여 진해항으로 돌아온 지 불과 한 달만이었다.

5월 17일, 미국에 도착한 인수단 본대는 여장을 풀 사이도 없이 각 함정에 달라붙어 마무리 정비작업에 들어갔다. 5월 20일, 가장 중요한 엔진정비가 끝났다. 엔진 시운전 결과도 성공적이었다. 시운전이 끝나자 인수요원 전원이 함정 도색(塗色)작업에 들어갔다. 각 함정의 좌현과 우현에 702·703·704의 함 번호도 그려 넣었다.

5월 27일에는 교민 2백여 명을 초청하여 조촐한 명명식도 거행했다. 이어 샌프란시스코 발레이오(Vallejo)항으로 옮겨 3인치 주포를 장착한 세 척의 PC는 6월 16일, 조국을 향한 장도에 올랐다.

1950년 6월 24일(한국 시각 6월 25일), 세 척의 PC가 중간 기착지인 하와이 호놀룰루항에 도착했다. 주 호놀룰루 대한민국 총영사관 김용식(金溶植) 총영사와 교민들이 갓난아이까지 안고 나와 태극기를 흔들며 PC 편대를 반겼다. 환영 대열에는 육군 작전참모부장(현재의 육군참모차장에 해당) 정일권(丁一權) 준장도 섞여있었다.

정일권은 미 육군대학 유학을 마치고 귀국 중이었다. 당시에는 미국 본토에서 대한민국까지 논스톱으로 가는 비행기 편이 없었다. 하와이에서 비행기를 갈아탄 후 일본까지 가서 또 비행기를 갈아타야 했다.

샌프란시스코 발레이오항을 떠나 고국을 향해 항해 중인 PC-704함 승조원들.
두 번째 줄 왼쪽에서 두 번째가 공정식 소령.

바로 전날 하와이에 도착한 정일권은 일본으로 가는 비행기를 기다리고 있는 중이었다.

하와이 교민들이 PC 편대의 기항을 환영하며 축제분위기에 빠져있던 그때, 바다 건너 대한민국은 전화(戰火)에 휩싸이고 있었다. 북한군의 기습 남침으로 6·25전쟁이 발발한 것이다.

이날 저녁, 개인병원을 운영하는 양유찬(梁裕燦) 박사의 집 정원에서 인수단을 환영하는 교민파티가 열렸다. 오랜만에 만난 손원일 제독과 정일권 장군이 정담을 나누었다. 백두산함 인수요원 시절부터 손원일 제독의 부관 역할을 수행한 공정식도 두 사람과 자리를 함께했다.

파티가 무르익어갈 무렵 총영사관 직원 한 사람이 당황한 표정으로 달려와 김용식 총영사에게 전문을 전달했다. 전문을 본 김용식의 얼굴이 한순간 하얗게 질렸다.

"6월 25일 새벽 4시, 북괴군 38도선 전역에서 남침 개시"

비보(悲報)였다. 화기애애하던 파티장 분위기가 삽시간에 얼어붙었다. 잠시 후 누가 먼저랄 것도 없이 교민들과 해군 장병들의 입에서는 애국가가 흘러나왔다. 그 자리에 꿇어앉아 기도하는 사람도 있었다. 손원일 제독과 정일권 장군은 귀국을 서둘렀다.

"나는 즉시 김 총영사에게 부탁하여 일본까지의 비행기 편을 물색했다. 도쿄가 아니더라도 한국에 가까운 곳이라면 아무 데라도 좋았다. 하지만 여의치가 않았다. 초조한 이틀이 지나 미 하와이주

둔군사령부에서 연락이 왔다. 도쿄 GHQ에서 비행기 한 대를 나를 위해 보내왔다는 것이다. 기막힌 낭보였다. 알고 보니 이승만 대통령이 미 극동군 맥아더 최고사령관에게 요청하여 보낸 것이라고 했다. 비행기는 C54형 프로펠러 수송기였다."[5]

정일권이 수원비행장에 도착한 날은 6월 30일이었다. 도착하자마자 급히 이승만 대통령에게 달려간 정일권 준장에게 소장 진급과 함께 육군총참모장(5대) 겸 육해공군 총사령관이라는 대임이 맡겨졌다.

한편, PC 편대는 6월 25일(미국 시각) 오전, 진주만으로 옮겨가 기관포를 장착했다. 밤을 새워 27시간 만에 기관포 장착을 끝낸 PC 편대가 진주만을 출항한 것은 6월 26일(미국 시작) 오전 10시였다. 하지만 진주만을 떠난 지 하루만인 6월 27일, 공정식이 승선한 704함에 문제가 발생했다. 왼쪽 엔진이 고장 난 것이다. 결국 704함은 엔진을 수리하기 위해 하와이로 돌아가야 했다.

702함과 703함이 진해항에 도착한 날은 6·25전쟁이 발발한 날로부터 21일이 지난 7월 16일이었다. 공정식의 704함은 그보다 9일 늦은 7월 25일에 진해항에 입항했다. 702함과 703함의 승조원들이 그랬던 것처럼 공정식도 귀국하자마자 작전에 투입됐다. 오랜 항해 때문에 지칠 대로 지쳐있었지만, 긴박한 전황은 휴식을 허용하지 않았다.

6월 28일 오전 4시(미국 시각 6월 27일 15시), UN안전보장이사회에서

---

5) 정일권, 「정일권회고록」, p. 137.

UN 창설 이후 최초로 대한민국에 UN군을 파병하기로 결정했다. 7월 1일, 미 육군 제24사단 제21연대 제1대대, 일명 스미스 부대가 부산 수영비행장에 도착하는 것을 시작으로 UN군이 속속 한반도에 투입되었지만, 북한군의 진격을 막기에는 역부족이었다.

공정식이 진해항에 입항하던 7월 25일경은 국군과 UN군이 최후의 보루인 낙동강 방어선으로 밀리고 있을 때였다. 8월 4일, 국군과 UN군은 낙동강 방어선으로의 철수를 완료했다. 이때 아군의 전투부대는 국군 5개 사단과 미군 3개 사단으로 총 8개 사단이었다. 이후 국군과 UN군은 한 달 반가량 낙동강 방어선을 사수하기 위한 처절한 전투를 벌이게 된다.

8월 중순 무렵, 낙동강 방어선의 서쪽을 치기 위해 북한군 7사단이 호남지역을 우회하여 경상남도 통영까지 밀고 내려왔다. 7사단을 막지 못할 경우에는 마지막 교두보인 부산까지 함락당할 위기에 내몰린 것이다. 앞에서도 언급한 것처럼 이 위기를 막아내어 '귀신 잡는 해병'이라는 명성을 얻은 전투가 해병대 김성은 부대가 실시한 통영상륙작전이었다.

한국 해병대의 전공을 '귀신 잡는 해병'이라는 제목으로 보도한 '뉴욕 헤럴드 트리뷴지'의 종군 여기자 마거릿 히긴스

이때 공정식은 704함의 부장으로서 상륙군을 지원하는 임무를 수행하게 된다. 부장(副長)은 부함장을 말하는데, 부함장은 평시에는 행정업무를 하지만 전투 시에는 각 포대를 지휘한다. 실질적으로 전투지

휘를 하는 중요한 위치인 것이다.

통영상륙작전에서 김성은은 해군과 양동작전(陽動作戰)을 펼쳤다. 해군이 통영 남쪽에 집중적인 함포사격을 하면서 그쪽으로 상륙하는 것처럼 적을 속이는 동안, 해병대가 뒤쪽으로 진격하는 작전이었다. 공정식이 맡은 임무가 바로 함포지원이었다.

이때 공정식은 김성은의 신출귀몰하는 전술을 보면서 일종의 경외심(敬畏心)을 갖게 된다. 이때부터 공정식은 김성은을 인생의 멘토(Mentor)로 따르게 되며, 김성은 또한 한 살 아래인 공정식을 친동생처럼 아끼게 된다. 이후 두 사람은 평생 동안 물과 물고기처럼 우정을 나누며, 함께 해병대의 역사를 써나간다. 다음은 두 사람이 자신들의 회고록에서 서로에 대하여 평가한 내용이다.

> "통영상륙작전은 개인적으로 나에게 해병대의 형님이라 할 김성은 장군을 다시 만나는 행운을 제공해 주었다. PC 704함 부장으로 통영상륙작전 지원임무에 동원된 나는 그가 상부의 뜻과 달리 통영의 관문인 원문고개를 장악해놓고, 이미 통영에 들어갔던 적군을 마치 '독 안에 든 쥐'처럼 몰아붙여 섬멸시키는 신묘한 전술을 보면서 앞으로 큰일을 할 인물이구나 싶었다. 그 인상은 들어맞아 훗날 해병대사령관과 국방부장관이 돼서도 큰일을 많이 했다."[6]

---

6) 공정식, 「바다의 사나이 영원한 해병」, p. 84.

"이 기회에 나는 용감한 공정식 장군에 대해 이야기하고 싶다. 큰 키에 시커먼 구레나룻 수염을 기른 헌헌장부인 그는 '인물은 난세에 난다.'라는 이야기에 딱 맞는 분이다. 수많은 전투를 치르면서 해병 어느 누가 영웅이 아니겠느냐 만은 특히 공정식 장군과 나와는 유별난 인연을 가지고 있다.

그는 통영상륙작전 시 해군 704함의 부함장이었는데, 통영전투가 치열한 어느 날, 그가 나에게 와서 말했다.

"부대장님, 허가만 해주신다면 수병 네댓 명을 데리고 원문고개 후방으로 가서 적들을 사로잡아 오겠습니다."

"귀관은 군함을 책임지는 부함장이다. 만일 귀관이 적을 잡으러 갔다가 오히려 잡히면 군함을 누가 지휘하나? 육전(陸戰) 부대장도 아닌 해군을 투입했다고 해군총참모장으로부터 큰 질책이 있을 텐데 귀관의 역할은 함포 지원사격만으로도 충분하다."

그렇게 말을 했지만 공정식 부함장의 용기가 내내 내 마음에서 떠나지 않았다."[7]

공정식은 6·25전쟁의 판세를 뒤집은 인천상륙작전에서도 704함의 함장 대행을 맡아 막중한 임무를 수행하게 된다. 작전 직전인 9월 9일, 704함 최호영 함장이 해군본부 작전국장으로 발령이 났다. 하지만 후임자가 결정되지 않아, 부장인 공정식이 함장 대행으로 인천상륙작전에 참전하게 된 것이다.

인천상륙작전에는 미 해군과 대한민국 해군을 비롯하여 영국, 캐나

---

7) 김성은, 「회고록- 나의 잔이 넘치나이다」, p. 372.

다, 호주, 뉴질랜드, 프랑스, 네덜란드의 8개국 군함 261척이 동원되었다. 이 작전에 참가한 대한민국 해군 함정은 모두 15척이었다. PC 4척(701, 702, 703, 704함)과 YMS 소해정 7척(501, 502, 503, 510, 512, 513, 515정), JMS 소해정 4척(302, 303, 306, 307정) 등 우리 해군이 보유하고 있던 함정이 총출동한 것이다.

9월 13일, 인천해역에 집결한 UN군이 예비 작전을 개시하였다. 항공모함에서 발진한 함재기들이 인천 해안지역을 폭격하기 시작했으며, 순양함과 구축함 등 아군 함정의 함포도 일제히 불을 뿜었다.

포격과 폭격은 14일에도 계속되었다. 또 한편에서는 인천이 상륙 목표라는 것을 감추기 위한 양동작전이 전개되었다. 9월 12일, 미국과 영국의 혼성기습부대가 군산을 공격하였으며, 9월 14일과 15일에는 미 해군 함정들이 동해안의 삼척 일대에 맹포격을 가했다.

인천상륙작전의 D-day인 9월 15일 0시, 261척의 함정으로 구성된 대함대가 인천항 월미도를 향해 움직이기 시작했다. 05시, 항공모함에서 발진한 코르세어(Corsair) 함재기들이 월미도를 폭격하기 시작했다. 이어 아군 함정의 함포들도 일제히 포격을 개시했다.

UN군의 대형 함정들은 큰 덩치 때문에 연안에 가까이 접근하지 못했다. 이에 비해 소형인 우리 해군의 함정들은 자유롭게 연안에 접근할 수 있었다. 특히 704함은 인천 내항 깊숙이 침투하여 소총으로 조준사격을 하듯이 적의 군사시설들을 정밀하게 포격했다.

704함을 인수하기 위해 미국 출장을 가기 전까지 월미도에 위치한 인천기지 관사에서 거주했던 공정식은 인천 지리에 밝았다. 따라서 누구보다도 정확하게 적을 포격할 수 있었던 것이다. 공정식은 이날의 공로를 인정받아 금성 을지무공훈장을 수훈한다.

# 해병대로 소속을 바꾸다

　인천상륙작전은 6·25전쟁의 판도를 뒤집어놓았다. 인천상륙작전으로 인해 퇴로가 끊긴 낙동강 방어선의 북한군은 혼비백산(魂飛魄散)하여 달아나기에 바빴다. 상황은 바뀌어, 이번에는 국군과 UN군이 북으로 진격했다. 9월 28일에 서울이 수복되었으며, 10월 1일에는 김백일 장군이 지휘하는 육군 제1군단(수도사단, 3사단)이 38도선을 돌파했다.

　국군과 UN군은 서로 경쟁이라도 하듯 빠르게 북진했다. 10월 10일, 동부전선의 국군 제1군단이 원산을 점령했고, 10월 19일에는 서부전선의 국군 제1사단과 UN군이 평양에 입성했다. 한반도의 통일이 눈앞에 다가온 것 같았다.

　하지만 생각지 못한 변수가 발생했다. 중공군이 전쟁에 개입한 것이다. 10월 25일, 서부전선의 국군과 UN군이 박천-운산-온정리-희천을 연결하는 선까지 진출하였을 때 수십만 명에 달하는 중공군에게 불의의 기습(중공군 제1차 대공세)을 당했다. 그 사실을 모르는 채 가장 앞서나갔던 국군 6사단 7연대가 10월 26일에 드디어 압록강 초산에 도착했지만, 곧 중공군에게 밀려 퇴각을 하게 된다.

그런데 이상한 일이 발생했다. 11월 6일경, 중공군이 돌연 자취를 감춰버린 것이다. 국군과 UN군은 의아해했다. 나중에 알려진 일이지만 그것은 중공군이 가지고 있던 치명적인 허점 때문이었다. 중공군은 보급체계가 지극히 취약하여 1주일 전후, 아무리 길어도 10일 이상 공격을 지속할 능력을 보유하지 못하고 있었다. 그런 까닭에 10일 정도 공격을 하다가 보급품을 기다리느라고 잠적을 했던 것이다.

국군과 UN군은 다시 진격을 개시했다. 하지만 11월 25일, 자취를 감추었던 중공군이 다시 그 모습을 드러냈다. 일명 제2차 대공세였다. 제1차 대공세는 서부전선에서만 이루어졌지만, 이번에는 달랐다. 전 전선에서 공격이 이루어진 것이다.

1차로 북한에 진입한 제13병단 18개 사단이 서부전선으로 밀고 내려왔으며, 2차로 투입된 제9병단 12개 사단이 동부전선을 맡아 국군과 UN군을 동서로 양분하여 대공세를 취했던 것이다. 뛰어난 화력과 수많은 폭격기를 보유한 UN군이었지만, 끝없이 밀려오는 30만 명에 달하는 중공군 앞에서는 속수무책이었다.

11월 29일 새벽 1시 30분, UN군 총사령관 맥아더(당시 70세) 원수가 전 군에 평양-원산선인 39도선으로 철수하라고 명령했다. 12월 4일, 다시 평양에서 철수한 서부전선의 국군과 UN군은 12월 중순(15일)에는 38도선 북방까지 후퇴를 계속하였으며, 12월 말에 이르러서는 임진강-연천-춘천-양양을 연결하는 방어선을 형성하게 된다.

동부전선의 경우는 더욱 참담했다. 동부전선의 국군 1군단은 10월 17일, 함경북도의 도청소재지인 함흥을 점령했다. 특히 수도사단 예하의 18연대(백골부대)는 11월 25일, 청진을 점령한데 이어 소만(蘇滿) 국경도시인 혜산진을 거쳐 11월 30일에는 최북단인 부령 남쪽 4㎞ 지점까지 진출해 있었다.

하지만 이날 미 제10군단장 알몬드(Edward M. Almond) 소장이 동부전선의 병력을 해상으로 안전하게 철수시키기 위해 국군과 UN군에게 함흥과 흥남, 그리고 성진으로 집결하라는 명령을 내렸다. 주위의 땅이 모두 중공군에게 포위당했기 때문에 안전하게 철수할 수 있는 길은 바다밖엔 없었다. 그 유명한 흥남철수작전(1950. 12. 15.~24.)으로 국군과 UN군의 철수가 마무리될 때까지 동부전선의 각 항구에서 철수작전이 실시됐다.

원산과 함흥에 주둔하고 있었던 대한민국 해병대도 이때 철수를 단행했다. 12월 8일, 원산의 1대대와 3대대가 바닷길을 이용하여 부산으로 철수했으며, 12월 15일에는 함흥의 2대대와 5대대가 군용기로 철수하여 진해에 집결했다.

진해에 집결한 해병대는 곧 조직 정비에 착수했다. 해병대사령부와 전투부대를 분리하는 작업이었다. 당시 해병대사령부는 일선부대를 따라다니며 작전을 지휘했다. 그러다 보니 사령부의 고유 업무보다 전투부대를 관장하는 역할에 더 많은 비중을 둘 수밖에 없었다. 하지만 해병대의 규모가 날이 갈수록 커지면서 사령부와 전투부대를 분리하여 재편할 필요가 생긴 것이다.

　그 결과 해병대사령부는 병력보충과 신병훈련, 부상자와 사상자의 처리, 인사관리와 예산업무, 군수물자 보급 등을 담당하는 조직으로 편성하는 한편, 연대본부를 신편 창설하여 전투부대를 관장하게 했다. 당시 해병대가 보유하고 있던 4개의 대대 중 1, 2, 3대대를 묶어 해병1연대로 신편하고, 5대대는 독립대대로 남겨두었다. 새로 편성된 제1연대장에는 김성은 대령이 임명되었다.

　12월 말, 진해 해군통제부 영내에서 공정식과 김성은이 우연히 마주치게 된다. 그리고 그 만남은 공정식의 운명을 바꾸고 말았다. 이날 김성은은 해군과의 업무협조를 위해 해군통제부를 방문했었다. 업무를 마친 김성은이 지프를 타고 위병소 쪽으로 가고 있는데, 마침 공정식 소령이 걸어오고 있는 모습이 보였다. 당시 공정식은 704함을 떠나 육상근무 발령을 기다리고 있었다.

　통영상륙작전 때 공정식에게 강렬한 인상을 받았던 김성은은 반가운 마음에 차를 멈췄다. 지나가던 지프가 갑자기 멈춰 서자, 공정식의 시선이 자연스레 차 쪽으로 향했다. 차문을 열고나오며 환하게 웃는 김성은 대령의 모습이 보였다. 공정식이 반가워하며 경례를 붙였다.

　김성은은 자신도 모르게 불쑥 엉뚱한 제안을 했다. 해병 제1연대 신편 때문에 인재가 필요했던 김성은의 잠재의식이 그런 말을 나오게 했을 것이다.

　"공 소령, 해병대 오지 않겠소?"

그러자 뜻밖의 대답이 돌아왔다. 공정식이 조금도 망설이지 않고, "가지요. 해병대 하고 싶습니다."라고 그 제안을 수락한 것이다.

"1950년 12월 말에 김성은 대령이 진해 해군통제부 정문 쪽으로 지프를 타고 나가더라고. 나를 보자 차를 멈추더니, "공 소령 잘 만났다." 하면서 제안을 하더군요. 자기가 해병대 제1연대장으로 발령을 받았다면서, "공 소령이 해병대 1연대에서 함께 싸웠으면 좋겠다. 선임대대장인 1대대장으로 함께 싸우면 좋겠다." 그래서 즉석에서 좋다고 대답을 했어요."[8]

김성은은 해병 1연대 본부로 돌아가자마자 손원일 해군총참모장에게 전화를 걸어 공정식의 해병대 전속을 부탁했다. 그리고 바로 다음날, 공정식은 해병대 제1연대 제1대대장으로 발령을 받았다.

당시 해군사관학교 1기 출신들 중에는 촉망받는 인재들이 꽤 있었다. 공정식도 그들 중의 하나였다. 공정식은 제독의 길이 보장되어 있었고, 후일 해군참모총장으로 발탁될 만한 지명도(知名度)도 있는 인물이었다. 실제로 그의 동기생 중에서는 해군참모총장이 네 사람(이맹기, 함명수, 김영관, 장지수)이나 배출된다.

반면에 해병대는 해군에서 파생된 부대로 초창기에는 규모도 작고 세간에 잘 알려지지도 않은 무명의 군대였다. 따라서 보급과 지원이

---

8) 공정식 증언, 2013년 4월 30일, 해병대기념관

해군보다 열악했으며, 출세의 기회도 그만큼 제한적이었다. 그런 열악한 조건을 잘 알고 있으면서도, 해군에서 쌓은 모든 경력과 기득권을 버리고 과감하게 해병대를 선택한다는 것은 정말 결정하기 힘든 모험과 같은 일이었다.

그런데도 공정식은 해병대의 길을 선택했다. 그 결정에 가장 큰 영향을 미친 요인은 역시 통영상륙작전 당시 김성은과 해병대가 보여준 용맹성이었다. 한 가지를 더 꼽는다면 미국 해병대에게서 받은 감명이었다. 백두산함을 인수하여 귀국하던 중에 하와이 진주만에 기항했을 때, 공정식은 미국 해병대를 보고 깊은 감동과 부러움을 느꼈다고 한다.

> "상륙돌격형으로 머리를 짧게 깎은 미 해병대원들의 엄정한 군기를 보고 나는 놀랐다. 상급자의 구령에 맞춰 뛰고 구르며 훈련에 열중하는 모습을 보면서 세상에 저런 군대도 있구나 싶었다."[9]

공정식 장군이 입만 열면 "해병대는 나의 운명"이라고 말하는 것처럼, 그가 해병대의 길을 가게 된 것은 '운명을 넘는 필연'이라는 생각이 든다.

---

9) 공정식, 「바다의 사나이 영원한 해병」, p. 135.

# 무적 전설의 서막 737고지전투

해병대 제1여단
제1대대장 시절의 공정식

 육상전투 경험이 전혀 없었던 공정식은 막상 해병대 1연대의 선임대대장인 1대대장에 임명된 후, 과연 잘할 수 있을까 하는 불안감에 바짝 긴장했다. 그것은 휘하의 장병들도 마찬가지였다. 과연 26세에 불과한 신출내기 대대장의 손에 자신들의 목숨을 맡겨도 되는 것인지, 대대참모와 중대장·소대장들은 물론 일반병사에 이르기까지 불안한 시선으로 공정식을 바라보았다.

공정식은 열심히 하는 것 이외에는 다른 방법이 없다고 생각했다. 그리고 매사에 솔선수범하기로 마음먹었다. 공정식은 병사들과 똑같은 음식을 먹었고, 먹을 것이 없으면 같이 굶었다. 병사들과 똑같이 야전텐트에서 잠을 잤고, 행군 때도 차를 타지 않고 부하들과 함께 걸어 다녔다. 배낭도 자신이 직접 메고 다닌 것은 물론이다. 해군 시절에는 단화만 신다가 해병이 되어 전투화를 신으니 발이 너무 아파서 전투화를 벗고 맨발로 걸은 일도 있었다고 한다.

장병들의 불안감을 불식시킨 첫 전투는 737고지전투였다. 1951년 2월 19일 오후 1시경, 해병 1연대 연대본부와 1대대가 강원도 영월읍 영월초등학교에 설치된 육군 3군단 본부에 도착했다.

당시 강원도 내륙인 영서지역은 3군단이 맡고 있었다. 3군단 예하의 9사단이 정선지구, 7사단이 평창과 영월지구를 방어하고 있었는데, 북한군 대부대가 7사단과 9사단의 사이를 뚫고 들어와 7사단 우측방과 3군단 본부가 위치한 영월을 위협하고 있었다. 해병 1연대에게 내려진 임무는 적에게 빼앗긴 지역을 탈환하여 3군단에게 돌려주는 것이었다. 3군단을 지원하는 기동타격대 역할을 맡은 것이다.

해병 1연대가 영월에 도착하자 마침 3군단에 시찰 나와 있던 육군총참모장 정일권 중장과 3군단장 유재흥(劉載興) 소장, 부군단장 임선하(林善河) 준장이 반색을 하며 해병대를 맞았다. 정일권 총장이 김성은 대령의 손을 잡으며 입을 열었다.

강원도의 험준한 산길을 이동 중인 해병 제1연대 장병들

"김 대령, 이제 해병대가 왔으니 안심이오. 좀 도와줘야겠소."

"아침에 737고지를 빼앗겼어요. 이것을 찾아야 해요. 해병대가 해줘요."

마음이 다급했던지 유재흥 소장도 거들었다. 김성은 대령이 뭐라고 얘기해야하나 숨을 고르고 있을 때, 성질 급한 공정식이 호언장담을 했다.

"염려 마십시오. 저희들이 해치우겠습니다."

정일권과 유재흥의 얼굴에 웃음이 피어올랐다. 김성은도 공정식을 바라보며 미소를 지었다. 믿음직하다는 표시였다. 2대대와 3대대가 후속부대로 따라오고 있었기 때문에, 737고지의 탈환은 자연히 1대대의 몫이 되었다. 737고지는 영월 북쪽 3㎞ 거리인 거운리에 위치한 고지였다. 동강을 끼고 있는 거운리는 정선과 평창에 인접한 요충지였다. 공정식은 밤을 도와 거운리로 이동했다.

> "다음 날 아침 거운리 동북쪽 737고지를 공격했다. 우리 부대원들은 정말 용감하게 싸웠다. 나는 일선 지휘관들을 격려하기 위해 일선 중대와 소대 전방까지 헤집고 다녔다. 육상전투 경험이 없는 대대장이라고 불안해하던 참모들이 말렸지만, 나는 "아니야, 내가 가봐야 해." 하고 최 일선까지 가서 소총 소대원들의 어깨를 토닥여 주었다."[10]

---

10) 공정식, 「바다의 사나이 영원한 해병」, p. 138.

겁 없이 최 일선을 누비는 대대장의 모습을 목도한 장병들은 사기가 충천하여 주저 없이 적진으로 돌진했다. 치열한 공방전이 벌어졌지만, 결국 1대대는 고지를 탈환했다. 새로 편성된 해병 1연대가 거둔 첫 승리이자, 해병대 지휘관으로 변신한 공정식의 첫 번째 승리였다. 1대대는 그 여세를 몰아 이웃하고 있는 신병산과 능암덕산까지 점령했다.

737고지전투 이후 공정식을 바라보는 대대요원들의 눈빛이 달라졌다. 못미더워하던 눈빛에서 절대적인 신뢰의 눈빛으로 바뀐 것이다. 게다가 1대대에 배속된 미 해병 고문관이나 연락장교들과 자유롭게 의사소통을 하는 영어실력, 미군과 함께 서있어도 밀리지 않는 위풍당당한 풍채는 장병들에게 신뢰감을 더해주었다.

이후 최전선을 자기 집 안방처럼 누비는 용맹함은 공정식의 트레이드마크가 되었다. "용장 밑에 약졸 없다."는 말처럼 자연히 1대대는 해병 제1연대 중에서도 가장 잘 싸우는 대대로 명성을 떨치게 된다.

공정식이 지휘하는 1대대가 거운리에서 적을 몰아내는 동안 뒤따라오던 2대대도 영월 동남쪽 녹전리에서 적 1개 중대를 궤멸시켰다. 해병대 1연대의 활약 덕분에 육군 7사단은 3월 1일, 평창군 대화리까지 북상할 수 있었다. 영월지구에서 적을 몰아낸 해병 1연대는 3월 3일, 정선으로 이동했다.

해병 1연대는 정선지구에서도 기동타격대로서의 역할을 톡톡히 수행했다. 해병 1연대의 임무는 아군 지역 곳곳에 침투해 들어온 북한군 2사단과 15사단 예하의 병력들을 몰아내며, 대관령의 차항리까지 진격하는 것이었다. 대대별로 작전을 전개한 해병 1연대는 3월 13일, 전 대대가 차항리에 진출하는데 성공했다.

특히 공정식이 이끄는 1대대는 3월 8일과 9일 이틀에 걸쳐 300여 명의 북한군이 지키고 있던 고비덕산(정선군 북면 여량리에 위치)을 기습 공격하여 적 60명을 생포하는 전과를 올렸다.

차항리까지 진격한 해병 1연대는 3월 15일, 미 해병 1사단에 배속되어 홍천으로 이동했다. 해병 1연대는 이때부터 미 해병 1사단과 합동작전을 펼치게 된다. 해병 1연대의 임무는 북한군 6사단과 13사단 병력이 지키고 있는 가리산을 탈환하는 것이었다. 인제(북쪽), 춘천(서쪽), 홍천(남쪽)의 중간지점에 위치한 가리산은 38도선을 회복하기 위한 교두보요, 교통의 요충지였다.

3월 21일, 가리산 탈환작전이 시작됐다. 2대대와 3대대가 경쟁하듯이 적의 진지들을 하나씩 하나씩 점령해나갔다. 710고지, 627고지, 그리고 난공(難攻)의 975고지가 차례로 아군의 손에 들어왔다. 가리산 탈환작전을 마무리한 부대는 예비대로 물러나있던 공정식의 1대대였다.

3월 24일 오전 9시, 1대대가 공격에 나섰다. 이날 오후 8시경에 마의 790고지를 점령한 1대대는 다음날인 25일 오후 1시경, 최종목표인 가리산을 점령했다. 1대대는 내친 김에 인근의 914고지와 883고지까지 점령하여 가리산 일대를 완전히 장악했다.

# 막걸리나 보내주십시오

 영월·정선지구 수복 임무를 성공적으로 마친 해병 1연대는 춘천 남쪽의 학곡리에서 잠시 휴식을 취했다. 이때 공정식은 (임시)중령으로 진급한다.
 전열을 가다듬은 해병 1연대는 1951년 4월 9일, '캔자스 라인(Kansas Line)'으로 이동하기 시작했다. '캔자스 라인'은 UN군이 우선적으로 수복해야할 목표로 설정한 선으로서 동해안의 양양에서 시작하여 화천을 거쳐 임진강 하구에 이르는 선이었다.
 해병 1연대의 공격 목표는 화천이었으며, 상대해야할 적은 중공군이었다. 당시 동부전선은 북한군, 중서부전선은 중공군이 담당하고 있었기 때문이었다. 화천 지역을 담당한 아군은 미 해병 1사단이었고, 대치하고 있는 중공군은 39군 예하의 115·116·117사단이었으며, 그중 115사단이 우리 해병 1연대의 정면에 배치되어 있었다.
 화천으로 가기 위해서는 북한강을 건너야했다. 4월 22일 오전 7시경, 도하작전이 개시됐다. 우리 해병 1연대의 좌측에는 미 해병 5연대,

우측에는 미 육군 22연대가 배치되어 합동으로 도하작전을 감행했다. 먼저 미 해병 항공사단의 코르세어 전투기들이 강 건너로 날아가 적진에 맹렬한 폭격을 가했다. 아군 야포들도 적진을 향해 일제히 포문을 열었다.

도하가 시작되기 전, 미 제1해병사단장 스미스(Smith, Oliver Prince) 소장은 우리 해병 1연대와 미 해병 5연대에게 누가 먼저 화천읍에 진입하느냐는 것을 두고 경쟁을 붙였다. 당연히 한·미 해병대는 자존심을 걸고 치열하게 경쟁했다. 결과는 한국 해병대의 승리였다. 공정식의 1대대가 미 해병대에 앞서 가장 먼저 화천읍에 입성한 것이다.

가장 먼저 화천읍에 들어간 공정식은 장난기가 발동했다. C-레이션 상자 뒷면에 'Welcome to US 5th Marine(환영 미 제5해병연대)'이라고 써서 화천읍으로 들어오는 길목에 붙인 것이다. 한 발 늦게 화천으로 들어오다가 이것을 발견한 미 해병 5연대 장병들이 상자를 뜯어 던지면서 "God Damn KMC(한국 해병대 XXX)!"를 연발했다고 한다.

공정식은 지체 없이 수색대를 앞세워 북쪽으로 진격했다. 한편, 해병 2대대도 화천발전소를 지키고 있던 중공군과 치열한 교전을 벌인 끝에 발전소를 장악하는데 성공했고, 예비대인 3대대도 강을 도하하여 화천읍의 동쪽으로 진출했다.

얼마 후 1대대 화기소대 수색대가 중공군 포로 2명을 데려왔다. 공정식은 공포에 질린 채 끌려온 중공군들에게 식사를 제공하고 잘 대해주었다. 전쟁이 미운 것이지 사람을 미워해서는 안 된다는 생각에서였다. 그 휴머니즘이 뜻밖의 행운을 가져다주었다.

포로들이 목숨을 살려준 대가로 "오늘 밤 대대적인 총공세가 계획되어 있으니, 잘 대비하는 것이 좋을 것"이라고 귀띔해준 것이다. 만약 포로들을 사살하거나 학대했다면, 중공군의 대공세 계획을 까맣게 몰랐을 것이고, 한·미 해병대는 막대한 피해를 입었을 것이다.

중공군은 6·25전쟁 동안 총 7차례의 대공세를 벌였다. 1950년 10월 25일과 11월 25일, 그리고 12월 31일에 1, 2, 3차 대공세를 감행했으며, 1951년 2월 11일, 4월 22일, 5월 16일에 4, 5, 6차 대공세를 벌였다. 그중 5차와 6차는 함께 묶어 '춘계대공세'라고도 한다. 그리고 마지막인 7차 대공세는 정전협정(1953년 7월 27일)을 앞둔 1953년 7월 13일에 일어난다.

중공군 포로들이 말한 '대대적인 공격'은 1951년 4월 22일부터 30일까지 9일 동안 계속된 중공군의 제5차 대공세였다. 제5차 대공세는 전 전선에 걸쳐 18만 명의 중공군과 10개 사단의 북한군이 투입된 대규모의 공세였다.

정보를 입수한 공정식은 즉시 연대장 김성은 대령에게 보고했다. 김성은은 연대 고문관 해리슨 중령에게 이 사실을 전했다.

"중공군 포로에게서 오늘 저녁 적의 대대적인 공격이 있다는 정보를 얻었다. 정보가 틀림없는 것 같으니 진격을 멈추고 현 위치에서 진지를 구축하여 공격에 대비하는 것이 좋겠다."

해리슨 중령의 보고를 받은 미 해병 1사단장 스미스 소장은 "좌측은 미 해병 5연대, 가운데는 한국 해병 1연대, 우측은 미 해병 7연대가 맡아 방어태세를 갖추라."고 지시했다.

미 해병 5연대의 주력이 화천읍을 방어하였고, 미 해병 7연대가 강변을 지키고 있었으니, 중공군과 1차로 맞붙을 부대는 화천 북방 4km 지점에 방어선을 구축한 해병 1연대 1대대였다.

공정식은 교통호와 화기진지를 완벽하게 구축하고, 탄약과 수류탄을 충분하게 비축했다. 어떤 상황이 벌어지더라도 통신이 끊어지지 않도록 전화선도 더 가설하고 중공군을 기다렸다. 중공군 대병력과의 첫 번째 전투, 공정식은 긴장하지 않을 수 없었다.

밤 8시경, 드디어 대대 정면에서 포성이 들려왔다. 본격적인 공격에 앞선 사전 포격이었다. 이어 귀를 찢는 꽹과리와 피리 소리가 들려왔다. 상대방의 공포심을 유발하기 위해 꽹과리를 치고 피리를 불면서 돌진하는 중공군의 전형적인 전술이었다. 이윽고 괴성을 지르며 눈 덮인 산봉우리를 넘어오는 중공군의 모습이 시야에 들어왔다.

아군의 모든 화력이 그곳으로 집중됐다. 야포와 기관총, 개인화기가 일제히 불을 뿜었다. 가을날 낙엽이 떨어지듯 중공군들이 쓰러졌다. 엄청난 화력에 기가 질렸는지 살아남은 자들이 달아나기 시작했다. 공정식과 장병들은 승리를 예감하며 한 숨을 돌렸다. 하지만 그것은 착각이었다. 도주하는 중공군의 모습이 사라지는가 싶더니, 새로 밀려오는 중공군의 모습이 눈에 들어왔다.

해병대원들은 이를 악물고 다시 방아쇠를 당겼다. 수많은 사상자를

낸 중공군이 다시 후퇴했다. "이것으로 끝이겠지." 하며 이마의 땀을 훔치던 공정식은 자신의 눈을 의심하지 않을 수 없었다. 악을 쓰며 몰려오는 중공군의 모습이 또 보였던 것이다. 마치 끝없이 밀려오는 파도를 보는 것 같았다. 끝없이 계속된 중공군 파도에 밀려 결국 임병윤 중위가 지휘하는 3중대가 진지를 내주고 2선으로 후퇴했다.

하지만 포기할 공정식이 아니었다. 공정식은 빼앗긴 진지 가까이로 몰래 이동하라고 3중대에게 지시했다. 3중대가 진지 주변에 잠복을 완료하자, 공정식이 야포지원을 요청했다. 떨어지는 포탄에 놀라 중공군이 우왕좌왕하는 틈을 노려 해병대원들이 급습했다. 치열한 백병전 끝에 1대대는 진지를 다시 찾았다.

공정식이 유선으로 진지를 되찾았다는 보고를 하자 만족한 김성은이 물었다.

"잘했다, 공 소령. 나는 너를 믿는다. 뭐 필요한 것 없나?"

"당장 필요한 것은 없습니다. 날이 밝거든 막걸리나 보내주십시오."

공정식의 황당한 대답에 김성은은 너털웃음을 터뜨리고 말았다.

"공정식 1대대장은 전투마다 탁월한 용맹함을 보였고, 무엇보다 여유 있는 지휘관으로 상관과 부하들에게 믿음을 주고 확실한 신뢰를 가지게 했다.
예를 들면 적과 치열한 전투 시 내가 "괜찮은가? 뭐 도와 줄 것이 없겠는가? 말하라."라고 하면, 어려움만 호소하는 다른 대대장들

김성은(오른쪽) 해병 제1연대장과 공정식 제1대대장

과는 달리 그는 특유의 여유를 보이며 "연대장님, 걱정 마십시오. 잘 싸울 겁니다. 보내주시려면 막걸리나 보내주십시오." 하는 식이었다.
공정식 장군에게서 단 한 번도 위기라거나 "큰 일 났습니다. 도와주십시오."라는 말을 들어본 적이 없다. 이러한 지휘관의 의연한 태도는 부하들에게는 신뢰를, 직속상관에게는 믿음을 주었다.
그래서 1대대 부대대장 안창관 대위는 어디를 가나 막걸리부터 준비했다고 한다. 이렇듯 1대대는 상관과 병사들 간에 독특한 유대감이 있던 부대였다."[11]

---

11) 김성은, 「회고록 - 나의 잔이 넘치나이다」, p. 373.

시간이 흘러 어느덧 자정 무렵이 되었다. 그런데 적정(敵情)이 이상하리만큼 조용했다. 공정식은 김성은에게 전화를 걸어 상황을 보고했다.

"적이 후퇴했을 리가 없다. 수색대를 보내 잘 살펴봐라."

김성은의 예측은 정확했다. 진지 건너편의 어둠속에 중공군들이 새까맣게 엎드려 있었다. 아군이 피곤에 지쳐 잠이 들면 기습을 하려고 숨을 죽이며 기다리고 있었던 것이다.

공정식은 즉시 미 포병 연락장교에게 포격지원을 요청했다. 조명탄들이 하늘로 치솟아 밤을 밝혔다. 이어 아군의 포탄이 우박이 쏟아지듯 적진을 덮쳤다. 지축을 흔드는 집중 포격에 적진은 삽시간에 쑥대밭이 되었다. 이 포격으로 중공군 2천7백여 명이 불귀의 객이 되고 말았다.

## 고난의 포위돌파작전

한·미 해병대가 화천 일대에서 격전을 치르는 동안 그 좌측인 화천군 사창리(史倉里) 일대에서는 중공군을 상대로 국군 6사단이 악전고투하고 있었다. 하지만 중공군 4개 사단(58, 59, 60, 120사단)의 집중공격을 받은 6사단은 23일 새벽, 결국 중공군에게 밀리고 말았다. 한 번 무너진 6사단은 후퇴를 계속하여 가평까지 밀려 내려가게 된다.

상황이 이렇게 되자 진격하고 있던 한·미 해병대는 6사단의 공백으로 우회한 중공군에게 꼼짝없이 포위당할 수밖에 없는 상황에 처하게 됐다. 다행히도 화천읍과 북한강 일대에 포진했던 미 해병대와 한국 해병 대대들은 중공군과 격전을 치르는 와중에서도 철수작전을 병행할 수 있었다.

한국 해병 1대대가 밤새도록 악전고투하는 동안 화천읍에 있던 미 해병 5연대와 강변을 지키던 미 해병 7연대가 먼저 북한강을 건넜다. 이어 예비대인 3대대가 엄호를 하는 동안 2대대가 철수를 단행하였다. 하지만 가장 북쪽까지 진출했던 공정식과 1대대는 중공군에게 포위당하고 말았다. 너무 적진 깊숙이 들어와 있었던 것이다.

4월 23일 아침, 공정식은 참모회의를 소집했다. 참모들의 얼굴에 비장함이 감돌았다. 당연한 일이었다. 사방 어디를 둘러봐도 중공군 일색이니 어찌 비장하지 않겠는가. "이럴 때일수록 지휘관은 여유를 보여야 한다."는 생각에 공정식은 전화로 연결된 김성은에게 큰 소리를 쳤다.

"연대장님, 중공군이 가까이 있습니다. 그러나 염려 마십시오. 돌파할 자신 있습니다."

포위돌파작전이 시작되기 전 공정식은 장병들에게 각자 네 끼 분의 비상식량과 침낭을 휴대하라고 지시했다. 돌파작전 중에 혹시 산중에 고립되어 야영을 하게 될 상황에 대비하기 위해서였다. 이때까지만 해도 공정식은 철수작전이 6박 7일 동안이나 계속되리라고는 꿈에도 생각하지 못했다.

이날 오후, 예비대인 3대대의 엄호 아래 1대대의 철수가 시작되었다. 1대대가 자리 잡았던 최전방 능선에 3대대 병력들이 배치되는 동안, 1대대는 안전하게 빠져나올 수 있었다. 하지만 날이 어두워지자 중공군의 공격이 재개되었다. 이번에는 3대대가 중공군과 치열한 교전을 벌여야 했다.

한편, 북한강까지 퇴각한 1대대는 도하를 지원할 미 해병대의 수륙양용 차량 다쿠(DUKW)를 기다리고 있었다. 4월 24일 새벽, 마침내 다쿠가 도착했다. 오전 8시경, 북한강 도하가 개시됐다. 이틀 전 의기양

양하게 건너왔던 그 강을 다시 넘어가야 했던 것이다.

　다쿠들이 강을 건너기 시작하자 중공군들이 몰려들었다. 3대대와 미 해병대 코르세어 전투기가 중공군을 막아주었다. 1대대는 그 틈을 타 1개 중대씩 침착하게 도하작전을 완료했다. 다음은 3대대 차례였다. 이번에는 1대대가 엄호에 나섰다. 3대대도 무사히 북한강을 건넜다.

　3대대는 도하를 완료하자마자 지체 없이 남쪽으로 이동했다. 3대대를 엄호하던 1대대도 이동을 하려고 했지만, 어느새 날이 저물고 말았다. 북한강을 넘어오긴 했지만, 1대대는 다시 홀로 고립되고 만 것이다. 공정식은 위라리 일대의 능선에 급히 방어진지를 구축하고, 대인지뢰와 조명지뢰를 매설했다.

　밤이 깊어지자, 1대대의 방어진지 아래로 수많은 중공군이 남쪽으로 이동했다. 공정식은 바로 눈앞으로 지나가는 중공군을 지켜보면서 화천에서 춘천으로 연결되는 407번 도로로 이동하는 것은 자살행위라는 판단을 내렸다. 결국 한 밤중에 험준한 산악능선을 따라 이동할 수밖에 없었다.

　4월 25일 새벽 2시, 남쪽으로의 이동이 개시되었다. 4월 22일에 북한강을 건너 화천 북방 438고지에서 밤새도록 야간전투를 했고, 23일에는 철수작전을 했으며, 24일에 다시 북한강을 도하하여 곧바로 진지를 구축하였다가 다시 야간행군을 시작하였으니, 1대대 장병 모두 2박 3일 동안 잠을 자지 못한 상태였다.

　당연히 조는 병사들이 속출했다. 많은 해병들이 꾸벅꾸벅 졸면서 걸음을 옮겼다. 몰려오는 졸음을 견디다 못해 그 자리에 주저앉아 잠에 빠지는 병사들도 있었다. 주위의 동료들이 부축해서 데리고 갔다. 어떤 병사들은 아무리 깨워도 일어나지 못했다. 낙오는 곧 죽음이었다. 어떻게 해서든지 데려가야 했다.

제1대대 제2중대 제3소대장이었던 이근식 예비역 해병 대령은 당시의 상황을 이렇게 증언한다.

"우리는 행군대열로부터 해병들의 이탈을 방지하기 위하여 앞의 대원의 허리띠를 뒤에서 잡고 행군시켰으나 역시 어려웠다. 다리의 힘이 다 빠져서이다. 특히 야간에는 더욱 그랬다. 결국 앞의 대원과 뒤의 대원을 줄줄이 연결하여 끈으로 매고 걸어가게 했다. 그래도 기진맥진한 상태에 있는 대원들에게는 어려웠다. 한 대원이 쓰러지면 줄줄이 우리의 해병들은 쓰러졌다. 그들의 모습은 정말 처절했다. 무어라 말이나 글로 표현할 수 없다. 그 쓰러진 해병을 나는 구둣발로 차서 깨우고 일으켜서 계속 걷게 했다. 그리고 우리는 힘에 부쳐서 서로 부둥켜안고 쓰러지기도 했다."[12]

추위도 큰 적이었다. 절기상으로는 봄이었지만, 강원도 산골짜기 한밤중의 날씨는 겨울이나 마찬가지였다. 한겨울을 방불케 하는 추위가 살을 파고들었다. 설상가상으로 네 끼 분의 비상식량도 바닥난 상황이었다. 졸음과 추위보다 더 참기 힘든 것은 배고픔이었다. 배가 고프

---

12) 해병대사령부, 「해병대 화천지구 포위돌파작전」, P. 44.

다보니 더 춥고, 더 졸렸다. 악순환이었다. 해병들은 추위와 굶주림, 졸음에 시달리며 걷고 또 걸었다.

오전 5시, 799고지에 도착한 1대대는 건너편 매봉산에서 3대대 11중대와 중공군이 벌이는 격전을 목격하게 된다. 1대대의 철수를 엄호하기 위해 매봉산에 배치된 3대대 11중대를 중공군이 공격하고 있었던 것이다. 11중대는 개미떼처럼 몰려드는 중공군을 맞아 분전하고 있었다.

하지만 중과부적으로 밀리기 시작한 11중대는 1대대가 있는 799고지 방향으로 철수하기 시작했다. 이번에는 1대대의 차례였다. 1대대 2중대가 11중대의 뒤를 따라오는 중공군을 막아섰다. 각 중대가 번갈아가며 중공군과 교전을 하면서 1대대는 용화산(867고지) 방향으로 이동했다.

하지만, 그곳에도 중공군이 도사리고 있었다. 1대대 장병들은 기진맥진한 상태였지만, 마지막 기운까지 짜내며 교전을 계속했다. 마침내 1대대는 중공군의 포위망에서 벗어나 용화산 남쪽 4km 지점인 양통에 도착했다.

공정식은 "나도 허기와 피로에 지쳐 스스로 머리가 이상해지는 것 같아서, 내가 정상적인 명령을 내리고 있는지 때때로 중대장들에게 확인하곤 했다. 부대의 생사가 내 손에 달렸다는 책임의식 때문에 안간힘을 다해 정신을 가다듬었다."고 당시를 회고한다.

하지만 그것이 끝이 아니었다. 중공군의 제5차 대공세(혹은 4월 대공세)로 인해 미8군이 주저항선을 캔자스 라인(임진강-화천-양양)에서 노 네

임 라인(No Name Line: 서울-홍천-양양)으로 내렸기 때문에, 다시 약 40㎞ 남쪽의 홍천강 이남으로 이동해야 했던 것이다. 1대대는 다시 이동을 시작하여 산발적인 중공군의 공격을 물리치며 돌파작전을 계속한 끝에 4월 29일 밤에 홍천 양덕원리에 도착하게 된다.

보급품 지원 없이 6박 7일 만에 적진을 돌파한 해병 1대대의 포위돌파작전은 '현대전에서 가장 위대했던 공격적인 후퇴'라고 일컬어지는 미 해병 1사단의 '장진호전투'에 비견되는 작전이라 할 수 있을 것이다.

1950년 11월 초, 맥아더 원수는 미 해병 1사단장 스미스 소장에게 장진호를 지나 강계(북한의 임시수도)와 만포로 진격하라는 명령을 내렸다. 당시 서부전선의 국군 2군단과 미 8군, 그리고 동부전선의 국군 1군단과 미 10군단은 낭림산맥이라는 험준한 지형 때문에 동과 서로 갈라져 각자 작전을 수행해야 했다. 이에 맥아더 원수는 10군단 예하의 미 해병 1사단을 낭림산맥 너머의 미 8군과 연결시켜 연합작전을 수행하려고 한 것이다.

스미스 미 해병 1사단장

  11월 8일, 스미스 소장과 미 해병 1사단은 장진호로 진격을 시작했다. 장진호가 위치한 개마고원 일대는 평균 고도가 1천m에 달하는 한반도에서 가장 추운 지역이었다. 특히 1950년 겨울의 장진호 일대 기온은 영하 30도를 오르내리는 기록적인 혹한이었다. 게다가 장진호 부근에는 중공군 10만 명이 덫을 놓고 매복하고 있었으니, 미 해병 1사단은 그야말로 호랑이 입속으로 들어간 셈이었다.

  11월 27일 아침, 미 해병 1사단은 장진호의 서북단인 무평리에서 중공군 9병단 예하 4개 사단에게 기습을 당했다. 이에 스미스 장군은 "해병대에게 후퇴는 없다. 우리는 다른 방향으로 공격하는 것이다."라는 유명한 말을 남기고 11월 30일에 철수를 단행했다.

12월 4일, 스미스는 가까스로 장진호의 남단 하갈우리에 도착했지만, 중공군 9병단은 5개 사단을 추가로 투입하여 총 9개 사단의 병력으로 미 해병 1사단의 퇴로를 차단했다. 하지만 스미스는 중공군과 치열한 전투를 벌이며 철수작전을 수행하여 12월 11일에 흥남 부근의 아군 지역으로 귀환했다.

장진호전투에서 미 해병 1사단은 전사 718명, 부상 3,504명, 행방불명 192명의 막대한 피해를 당했다. 미 해병대 역사상 가장 혹독한 피해를 입었던 것이다. 하지만 중공군의 피해는 더욱 막심했다. 전사 2,500여 명, 부상 12,500여 명으로 미군보다 3배가 넘는 피해를 입었던 것이다.

중공군 9병단은 장진호전투에서 너무나 치명적인 타격을 입어 12월 31일에 감행된 제3차 대공세에 참여하지 못했다. 장진호전투는 미 해병대의 자존심을 지켜낸 전투였다.

장진호전투가 미 해병대의 자존심을 지켜낸 전투였다면, 20여 명의 희생자를 제외한 거의 모든 대원들이 귀환에 성공한 한국 해병 1대대의 화천 포위돌파작전은 한국 해병대의 자존심을 지킨 작전이었다.

동서양의 병법서들을 읽어보면 한결같이 '유능한 장수는 공격보다는 후퇴를 잘하는 장수'라고 얘기하고 있다. 적에게 쫓기는 긴박한 상황

속에서도 병력과 장비의 피해를 최소화하며 후퇴를 하는 지휘관이야말로 가장 유능한 지휘관이라는 얘기다.

공정식은 그것을 해냈다. 물론 해병 1대대 장병들의 돈독한 전우애와 굳건한 의지가 밑바탕이 되었지만, 언제나 솔선수범해온 대대장 공정식의 지휘능력이 있었기에 가능한 일이었다 할 것이다.

# 무적해병의 전설 도솔산전투

1951년 6월 3일, 해병 제1연대장 김대식(金大植· 당시 33세· 제3대 해병대사령관 역임) 대령에게 도솔산지구를 탈환하라는 작전명령이 떨어졌다. 불과 20여 일 전(5월 11일)에 김성은 대령과 임무를 교대하여 아직 부대 파악도 완전하게 하지 못한 그의 입에서 자신도 모르게 "큰일 났군!"이라는 말이 튀어나왔다.

도솔산지구는 중동부전선의 심장이었다. 즉 원산을 꼭짓점으로 하고 양양-양구-철원 선을 밑변으로 하는 중동부전선의 한 가운데인 '삼각산악지구'에 위치한 전략요충지였다. 동쪽으로는 인제와 속초, 서쪽으로는 양구와 화천 지역으로 통하는 도로를 감제할 수 있는 고지였다. 그 때문에 북한군은 도솔산 봉우리와 주변 능선의 요소마다 철옹성 같은 방어선을 구축했다.

5월 하순경, 미 해병 1사단이 도솔산 지구를 공격했다. 하지만 도솔산 지구는 난공의 요새(要塞)였다. 미 해병 5연대가 24개의 공격 목표 중에서 8목표 전방의 고지 하나만을 점령하는데 수백 명의 사상자가 발생했다. 결국 미 해병 1사단은 손을 들고 말았다.

미국 해병대는 그 병력이나 장비는 말할 것도 없고 부대의 전통만 봐도 세계 최강의 해병대였다. 그런 미 해병대조차 혀를 내두르고 물러난 도솔산을 한국 해병대에게 탈환하라고 하니 김대식의 입에서 "큰일 났군!"이라는 말이 저절로 튀어나왔던 것이다.

해병 1연대에게 맡겨진 임무는 '캔자스 라인(임진강-양양)' 너머 해안분지 우측의 봉우리인 도솔산 주봉을 포함해 24개의 봉우리를 차례로 점령하는 것이었다. 공정식의 1대대는 공격 목표물이 가장 많은 좌 일선의 공격 라인을 담당하게 됐다. 최종 목표인 도솔산 주봉에 도착하려면 10여 개의 봉우리를 점령해야 했다. 해병 1연대가 상대해야할 적은 북한군 최정예 부대인 12사단과 32사단이었다.

6월 4일, 도솔산 탈환작전이 시작됐다. 작전 초기 해병 1연대는 3개 대대를 세 방면으로 나눠 대대 단위로 작전을 펼쳤다. 하지만 성과가 부진했다. 미 해병 5연대가 그랬던 것처럼 고지 하나를 점령하는데 너무나 많은 피해가 따랐다.

6월 11일, 연대 지휘관 회의가 소집됐다. 연대장을 비롯하여 연대 참모와 대대장들이 한자리에 모여 작전을 숙의했다. 공정식이 입을 열었다.

"전술을 바꿔야 합니다. 연대가 한꺼번에 야간 기습공격을 해야 합니다."

공정식의 주장에 연대장과 참모들도 동의했다. 한국 해병대가 연대 규모의 야간전투로 작전을 바꿨다는 소식을 듣고 토마스(Gerald C.

Thomas) 미 해병 1사단장이 공정식을 찾아왔다. 작전을 구상한 공정식에게 그 내용을 직접 들어보겠다는 것이었다.

"우리는 어둠을 틈탄 기습공격으로 목표물들을 차례차례 강습할 생각입니다. 벌써 준비는 다 돼 있습니다."

지도를 펼쳐놓고 작전의 개요를 설명하자 토마스 장군도 수긍하는 눈치였다. 공정식은 이때를 놓치지 않고 미군의 전폭적인 지원을 요청했다.

"한 가지 조건이 있습니다. 우리 해병대원의 피해를 최소화하려면 적극적인 함포와 항공지원, 그리고 야포지원이 있어야 하겠습니다."

공정식의 건의를 들은 토마스 장군은 배석한 작전참모에게 "공정식 대대장이 요구하면 언제든지 지원을 아끼지 말라."고 지시했다.

다음 날, 도솔산지구에 어둠이 깔리자 해안에 대기하고 있던 미 해군 미주리함이 함포사격을 개시했다. 미 해병 11포병연대의 야포들도 포문을 열었다. 이윽고 코르세어 전투기 편대가 날아가 폭격을 퍼부었다. 함포와 야포, 공중폭격이 동시에 진행되자 굉음과 진동이 천지를 흔들었다. 도솔산 지구 전체가 지진이라도 만난 양 들썩거렸으며, 봉우리와 능선마다 시뻘건 화염이 피어올랐다.

사기가 오른 해병 1연대 장병들이 일제히 고함을 지르며 고지로 돌진했다. 엄청난 포격과 폭격에 혼이 나간 북한군은 해병의 상대가 못 되었다. 그토록 완강했던 북한군이 일제히 도주하기 시작했다. 모든 화력과 병력을 집중한 전술이 제대로 효과를 발휘한 것이다.

이후 한국 해병대는 파죽지세로 24개의 목표를 점령해나갔다. 하지만 이때 공정식에게 또 한 번 죽음의 위기가 찾아왔다. 세 번째 위기였다. 도솔산 주봉을 점령하기 이틀 전인 6월 17일, 후방 CP에 들러 보급품 현황을 체크한 공정식이 지프를 타고 전방 CP를 향했다. 늘 그랬던 것처럼 공정식은 조수석에 탑승했고, 뒷좌석에는 전령이 타고 있었다.

가파른 산길을 힘겹게 올라가던 중 갑자기 "쾅!" 하는 폭음과 함께 공정식의 몸이 공중으로 튀어 올랐다. 북한군이 설치해놓은 대전차지뢰를 밟은 것이다. 의식을 잃은 채 계곡으로 추락한 공정식은 바위들 사이에 난 좁은 흙바닥으로 떨어졌다. 천행(天幸)이었다.

얼마나 시간이 흘렀을까, 의식이 돌아온 공정식은 먼저 머리부터 만져보았다. 고막이 터졌는지 머릿속에서 윙윙거리는 소리가 나긴 했지만, 다치지는 않은 것 같았다. 팔다리도 멀쩡했다. 하지만 몸을 일으키는 순간 엉덩이와 허리에 극심한 통증이 느껴졌다. 대퇴부에 지뢰 파편을 맞은 것이다.

걸을 수가 없어 엉금엉금 기어서 계곡을 빠져나왔다. 주위를 둘러보니 엔진이 날아갈 정도로 심하게 부서진 차에서는 연기가 피어오르고 있었고, 차에서 30m가량 떨어진 곳까지 날아간 운전병과 전령은 이미 숨을 거둔 상태였다.

연대 의무실로 옮겨진 공정식은 즉시 파편 제거수술을 받았다. 수술이 끝날 때쯤 제2전령이 들어와 후송차가 왔다고 보고했다.

"누가 후송 간다고 했나? 난 여기 있을 테니 차는 돌려보내도록."

공정식은 후송을 거부했다. 도솔산 주봉이 눈앞에 있는데 대대장이 전선을 비울 수 없었던 것이다. 자신이 자리를 비우면 일선 지휘관들과 병사들의 긴장이 느슨해질 것이기 때문이었다. 어디 그뿐이랴. 통신과 보급 문제, 미 해병대와의 협조 문제 등 자신이 직접 나서야 할 일이 한두 가지가 아니었던 것이다.

공정식은 하룻밤을 쉬고 난 후 다시 전선으로 달려갔다. 그런 그의 모습을 본 대대 장병들은 사기가 충천했다. 하지만 제대로 된 치료를 받지 못한 탓에 고막파열은 평생의 지병이 되었고, 지금도(2016년) 허리병 때문에 고생하고 있다.

6월 19일, 해병 1연대는 드디어 24개의 목표 중 마지막 목표인 도솔산 주봉까지 탈환하고 20일에 작전을 종결했다. '해병대 5대 대첩' 중의 하나로 꼽히는 도솔산전투를 성공적으로 마무리한 것이다. 도솔산전투는 동해안과 중동부전선의 북부를 탈환하는 계기가 된 전투였다. 즉 한반도 중동부전선을 38도선 북쪽으로 올리는데 결정적인 역할을 한 전투였던 것이다.

도솔산전투 24개의 목표 중 한국 해병대가 탈환한 목표는 22개였다. 세계 최강이라는 미 해병대가 점령한 목표가 불과 2개였다는 사실과 비교해 봤을 때 실로 어마어마한 전과였다. 특히 공정식이 지휘한 1대대는 적 사살 1,125명, 포로 23명으로 3개 대대 중 가장 큰 전과를 올렸다.

도솔산전투를 보고받은 이승만 대통령은 얼마나 기뻤던지 해병 1연대에게 '무적해병(無敵海兵)'이라는 휘호를 내렸다. 바로 이때부터 '무적해병'은 '귀신 잡는 해병'과 함께 해병대를 상징하는 해병대의 별칭이 되었다.

이승만 대통령이 해병대에게 하사한 '무적해병' 휘호

"도솔산 24개 목표 중 22개 목표를 우리 한국 해병대가 점령하고, 나머지 2개 목표는 미국 해병대가 점령을 했습니다. 세계에서 가장 강하다는 미국 해병 1사단이 점령하지 못한 난공불락의 도솔산을 한국 해병대가 점령하자 이승만 대통령은 너무나 감격해가지고 한국 해병대를 보고 무적해병이라고 했어요. 그리고 직접 '무적해병'이라고 휘호를 써가지고 우리 한국 해병대에게 보내주었습니다."[13]

---

13) 공정식 증언, 2010년 3월 3일, 해병대기념관

## 해병의 눈물

 이승만 대통령은 휘호를 보내는데 그치지 않고 8월 19일, 부대표창을 하기 위해 직접 해병 1연대본부를 방문했다. 당시 해병 1연대는 작전지역을 미 육군에게 넘겨주고 홍천으로 복귀해 있었다.

 이승만 대통령과 토마스 미 해병 1사단장이 탑승한 헬리콥터가 연대본부 연병장에 도착했다. 이승만 대통령은 전 연대 병력이 도열한 가운데 연대장 김대식 대령에게 부대 표창장을 수여했다. 토마스 장군도 "한국 해병대가 아니었으면 이 전략적 요충지를 확보할 수 없었을 것이다."라고 치사를 아끼지 않았다.

 수여식이 끝나갈 무렵 대통령을 수행한 경무대 경찰서(지금의 청와대 경호실) **경호원 곽영주**(후일 경무대 경찰서장에 올라 무소불위의 권력을 휘두르다가 1961년 5·16 후 교수형에 처해짐)가 대통령에게 귓속말로 무언가를 보고했다.

 곽영주의 말을 듣고 난 이승만 대통령이 이번에는 옆에 서있던 토마스 장군에게 무어라고 얘기를 했다. 김대식 대령의 옆에서 이 장면을 지켜본 공정식은 무슨 긴급한 사안이 생긴 것일까 궁금했다고 한다.

얼마 후 헬리콥터 1대가 날아와 연병장에 내려앉았다. 헬리콥터에서 내려진 것은 뜻밖에도 케이크 1상자였다. 태극기와 성조기로 장식된 생일 케이크였다. 이승만 대통령이 해병 1연대를 방문한 날은 마침 공정식의 생일(음력)이었다. 이 사실을 알게 된 곽영주가 이승만 대통령에게 오늘이 공정식 1대대장의 생일이라고 귀띔을 했고, 이승만 대통령이 토마스 사단장에게 생일 케이크를 공수할 수 없겠냐고 부탁을 했던 것이다.

이날 대통령이 선물한 생일 케이크를 먹으면서 공정식은 감격에 겨워 어린 아이처럼 엉엉 울었다고 한다. 얼마 후 공정식은 미국 정부가 수여하는 동성무공훈장을 받게 되는데, 훈장보다도 그때의 케이크가 더 가슴에 남는다고 회고한다.

공정식에게 생일 케이크를 선물하는 이승만 대통령.
곽영주(왼쪽에서 두 번째)가 악수를 나누는 두 사람을 바라보며 미소 짓고 있다.

# 해병대가 서울을 지키시오

 6·25전쟁 발발 3일 만인 1950년 6월 28일, 그리고 중공군의 3차 공세에 밀렸던 1951년 1월 4일, 두 번이나 적에게 서울을 빼앗기는 수모를 겪었던 이승만 대통령은 서부전선에서 불과 29마일 거리인 수도 서울의 방위에 부심했다. 고심을 거듭하던 이승만 대통령은 밴 플리트 (James A. Van Fleet·당시 60세) 미 8군사령관에게 인천상륙작전과 서울탈환작전의 선봉에 섰던 한·미 해병대를 서부전선으로 이동시켜 서울을 지키게 하라고 요청했다.

 "인천에 상륙해 수도 서울을 탈환한 자랑스러운 한·미 해병대를 서부전선으로 이동시켜 서울을 지키게 하시오. 그래야 내가 안심할 수 있습니다. 지금까지 두 번이나 서울을 빼앗겼는데 또 서울을 내줄 수는 없어요. 그런 수치스러운 일이 없도록 해야 합니다."[14]

---

14) 공정식, 「바다의 사나이 영원한 해병」, p. 176.

이에 밴 플리트 장군은 휴전회담이 진행 중이던 판문점을 중심으로 오른쪽을 미 해병대에게, 왼쪽 지역인 사천강 연안의 장단 일대를 한국 해병 1연대가 지키게 했다. 1952년 3월 17일, 해병 1연대가 서부전선 장단지구로 이동하여 김포지구의 독립 5대대와 연계하여 수도권을 방어하게 됐다. 당시 공정식은 부연대장 보직을 맡고 있었다.

장단지구로 옮겨간 해병 1연대는 이후 중공군을 상대로 끊임없는 진지쟁탈전을 벌였다. 일명 사천강~장단지구 전투였다. 장단지구에 배치된 중공군은 4개 사단(19병단 예하 65군단 소속 193, 194, 195 보병사단과 제8포병사단) 4만2천여 명이었으며, 그 중 195사단이 우리 해병 1연대의 정면에서 대치했다.

연대병력으로 사단병력을 상대해야 했던 해병 1연대는 보다 효과적이고 독자적인 전투를 수행하기 위해 1952년 10월 1일, 제1연대를 기간으로 독립 제5대대, 제1포병대대, 제1전차중대, 제1공병중대 등을 통합하여 제1전투단을 창설했다.

1952년 3월 17일부터 1953년 7월 27일에 정전협정이 체결될 때까지 495일 동안 수행한 수도방위작전의 상황은 어느 전선보다도 치열했다. 눈 앞(판문점)에서 휴전회담이 진행되는 것을 지켜보며 아군과 중공군은 연일 한 치의 땅이라도 더 확보하기 위한 쟁탈전을 반복했다.

하룻밤 사이에도 진지의 주인이 여러 번 바뀌는 치열한 접전이었다. 중과부적으로 밀리는 상황이 여러 차례 있었지만, 해병 제1전투단은 4배가 넘는 중공군의 공격을 저지하여 결국 서울을 지켜냈다.

"5천여 명에 불과한 우리 해병대가 중공군 4개 사단 4만2천여 명과 치열한 접전을 벌였습니다. "중공군이 새까맣게 몰려오고 있습니다. 야포로 갈겨주십시오."라는 부하들의 절박한 외침을 들어야 하는 일이 비일비재했어요. 휴전회담이 진척되면서 한 치의 땅이라도 더 확보하기 위한 쟁탈전이 벌어져 하룻밤 사이에 진지 주인이 몇 번씩 바뀌는 일이 다반사였어요. 495일 동안 해병 776명이 전사하고 3,214명이 부상을 당했습니다. 하지만 우리는 끝까지 지켜냈습니다."[15]

---

15) 공정식 증언, 2010년 3월 3일, 해병대기념관

## 상륙작전의 교리를 세우다

　해병 1연대 부연대장을 맡아 사천강~장단지구 전투를 지휘하던 공정식 중령은 1952년 9월, 미국 버지니아 주에 위치한 콴티코(Quantico) 미 해병 교육기지에 유학하게 된다. 한·미 해병대 수뇌부는 한국 해병대에서 우수한 요원을 선발하여 체계적인 상륙전 교육을 시켜야 할 필요성이 있다는데 의견을 함께했다. 그 첫 번째 유학생으로 뽑힌 요원들이 공정식 중령과 장대길 대위, 조봉식 대위였다.

미 해병대 주니어스쿨 유학 시절. 왼쪽부터 공정식 중령, 상륙전 교관, 조봉식 대위.

콴티코 교육기지는 기초, 초등, 고등으로 나누어서 해병의 기초과정부터 체계적으로 등급교육을 시키는 학교단(School) 개념의 종합학교다. 기초 교육반(Basic School)에서는 해병대 초급장교, 주니어스쿨(Junior School)에서는 소대장·중대장급의 위관장교, 시니어스쿨(Senior School)에서는 대대장·연대장·사단장급의 고급장교들을 대상으로 교육을 시켰다. 또한 포병, 공병, 전차 등의 각종 병기학교와 항공학교에서 특과교육도 실시하는 해병대 전담 종합학교인 것이다.

공정식이 유학한 과정은 주니어스쿨이었다. 공정식은 이곳에서 미 해병대가 제1차 세계대전 이후 개발한 신개념 상륙전 교리를 배울 수 있었다. 주니어스쿨에서 10개월여 동안 교육을 받고 귀국한 공정식은 1953년 6월, 해병대 교육단 부단장 겸 교수부장에 임명됐다. 미 해병대에서 익힌 선진 상륙전 교리를 우리 해병대에게 전수하라는 얘기였다. 공정식은 그 기대를 저버리지 않았다.

공정식은 우선 미 상륙전 교범을 번역하여 우리 실정에 맞는 상륙전 교범부터 편찬했다. 해병대 최초의 상륙전 교범이었다. 그해 7월에 김성은이 교육단장으로 부임하자, 그에게 건의하여 교육단 산하에 상륙작전처를 신설했다. 교육부단장과 교수부장을 맡고 있던 공정식이 상륙작전처장까지 겸임했으며, 그와 함께 유학을 다녀온 조봉식 대위와 장대길 대위가 교육을 담당했다.

상륙작전처장을 맡은 후 공정식이 가장 먼저 한 일은 교육단 내에 동양 최초의 모래 훈련장인 상륙전 모형 사판장(Sand table))을 만든 것이다. 미 해병 상륙전학교의 시설을 본떠 길이 20미터, 폭 30미터의 규모로 제작한 대형 사판장은 장교들은 물론 하사관과 병사들에게 상륙전에 대한 모든 것을 일목요연하게 교육하기 위한 시설이었다.

상륙전 모형 사판장

사판장 중앙에 모형 바다를 만들고 상륙전에 동원되는 모형 함정들을 포진했다. 먼 바다에는 항공모함 모형, 그 다음은 16인치 포로 사단을 지원하는 전함 모형 1척, 8인치 포로 연대를 지원하는 순양함 2~3척, 그리고 해안 가까이에는 대대를 지원하는 구축함 9척을 배치하였고, 해변과 내륙에는 진지를 설치했다.

사판장 양쪽에는 계단식 좌석을 마련하여 약 5백 명의 인원이 입체적인 상륙 모의작전을 관람할 수 있도록 했다. 해병대 장병뿐만 아니라 육군대학에서 교육을 받고 있는 고급지휘관들도 초청하여 모의작전을 관람하게 했다. 나중에는 민간인들에게도 개방하여 사판장은 교육단의 명물이 되었다.

공정식과 김성은은 그야말로 환상의 콤비였다. 1954년 1월, (임시)대령으로 진급한 공정식은 김성은을 보좌하여 교육단을 개혁해나갔다. 1954년 3월에는 하사관학교를 창설했고, 그해 9월에는 야전위생학교를 창설했다. 가장 주목할 것은 그해 11월에 상륙전학교를 창설했다는 것이다.

1954년 10월 23일, 공정식의 노력이 첫 번째 결실을 맺었다. 이날 남해안 거제도 근해에서 한국 해병대 최초로 해병 제1연대 1대대가 BLT(대대상륙단) 훈련을 실시하여 대한민국 해병대 상륙작전의 기틀을 세운 것이다. 함정 20여척과 해병대가 합동으로 실시한 이 훈련에는 공군 전투기까지 참가하여 약 1시간 30분 동안 실전을 방불케 하는 기동력 있는 작전을 펼쳤다. 하늘과 땅, 그리고 바다에서 동시에 펼쳐진 현대적이고 입체적인 훈련이 도입되기 시작한 것이다.

"1954년 10월 23일, 이승만 대통령을 모시고 진해 앞바다에서 상륙작전훈련을 처음으로 실시했습니다. 아시다시피 해병대는 상륙작전을 주 임무로 하는 부대이기 때문에 해병대는 반드시 상륙작전훈련을 해야 된다. 그래서 이러한 훈련을 하게 된 것입니다. 1955년에는 해병대 제2연대, 그리고 1956년에는 해병대 제3연대와 포병연대, 그리고 특수부대 할 것 없이 전 부대가 차례로 상륙작전훈련을 실시했고, 1958년에는 여단 규모, 1959년에는 사단 규모의 상륙작전훈련까지 실시하게 된 것입니다."[16]

해병대는 제1차 BLT훈련을 토대로 이후 1955년 초에는 2연대 2대대가 2차 BLT훈련을, 1955년 8월에는 3연대 3대대가 3차 BLT훈련을 실시했으며, 1956년 말까지 모든 대대의 BLT훈련을 완료했다. 1958년 10월에는 제1임시여단이 여단급 상륙작전훈련인 '폭풍'을 실시하였으며, 1959년 10월에는 해병 제1상륙사단이 포항 양포리와 월포리 해안 일대에서 최초의 사단급 상륙작전훈련인 '쌍용'을 실시함으로써 상륙작전훈련의 이정표를 수립하게 된다.

---

16) 공정식 증언, 2010년 3월 22일, 해병대기념관

최초의 대대급 상륙작전훈련을 참관하는 이승만 대통령에게 훈련 상황을 설명하는 미 고문단장 포니 대령. 뒷줄 오른쪽 첫 번째 인물이 최용덕 제2대 공군참모총장, 그 옆이 공정식 상륙작전처장이다.

상륙작전의 교리를 세우다

## 국민에게 봉사하는 군대

    1953년 7월 27일, 정전협정이 체결됨으로써 6·25전쟁이 막을 내린 이후, 해병대가 크게 증편되었다. 1954년 2월 1일에 해병 제1여단이 창설되었다가, 1955년 1월 15일에 해병 제1상륙사단으로 증·창설되어 해병대가 사단 규모가 된 것이다. 또한 바로 그해 3연대(1월)와 11연대(2월)가 신편(新編)되어 연대의 수도 4개로 늘어났다.

    1955년 1월 10일, 해병대 3연대가 창설되면서 공정식 대령이 초대 3연대장에 임명됐다. 3연대는 그 동안 미 해병 7연대가 담당하고 있던 김포반도를 작전구역으로 넘겨받았다.

왼쪽부터 초대 해병 1사단장 김대식 준장, 초대 해병대사령관 신현준 소장, 초대 해병 3연대장 공정식 대령, 해병 1사단 작전참모 김종식 중령. (1955년 5월)

6·25전쟁이 끝난 후, 가장 시급한 국가적인 과제는 전후복구사업이었다. 전후 이승만 대통령은 외국인 기자와의 인터뷰에서 "대한민국은 공동묘지다."라고 얘기했다. 전쟁으로 인해 학교, 공장, 가옥 등 모든 시설과 도로가 80% 정도 파괴된 대한민국은 공동묘지나 다름없었던 것이다.

그렇기 때문에 국민이 편히 잘 수 있고, 차가 다닐 수 있고, 그리고 학생들이 공부할 수 있는 그런 시설들을 복구해야 하는데, 그 복구

작업에 군의 조직된 힘과 장비가 투입됐다.

당시 김포와 강화도 사이에는 교량이 없어서 주민들이 왕래하는데 큰 불편을 겪고 있었다. 김포와 강화 사이에는 많은 수는 아니더라도 배가 다니고 있었지만, 석모도와 교동도 같은 작은 섬 사이에는 아무런 교통편이 없었다. 특히 볼음도 같은 작은 섬에서는 응급환자가 발생하게 될 경우 그야말로 속수무책이었다.

공정식은 주민들의 교통 불편을 조금이라도 해소하기 위해 미 해병 7연대에게서 이양(移讓)받은 단정과 주정(LCVP), 소형 초계정, 공기부양정 같은 함정들을 동원했다. 마을에 급한 일이 생기거나 응급환자가 발생하게 되면 어김없이 해병대의 함정들이 출동했다. 또한 낙도들을 찾아다니며 응급약을 나눠주기도 했다.

전쟁 중에 불에 탄 학교를 지어준 일도 있었다. 1955년 가을, 공정식의 귀에 김포 양곡중학교 학생들이 교실이 없어 민가에 흩어져 수업을 받는다는 제보가 들려왔다. 학생들과 교사들이 한 곳에 모여 수업을 할 수 있도록 우선 분대 천막 4개를 보냈다. 하지만 천막수업을 계속하게 두고 볼 수는 없는 노릇이었다.

이듬해 봄이 되어 날이 풀리자, 공정식은 3연대 공병대에게 교실을 새로 지어주라고 지시했다. 우선 부대 창고에 있는 건축자재들을 공사현장에 보냈고, 모자라는 자재는 미 1군단에게 지원을 요청했다. 학교는 그해 10월에 준공된다.

해병대는 문맹퇴치에도 앞장섰다. 격세지감이 느껴지는 대목이지만,

당시 국민의 절반 이상이 글을 읽지 못하는 문맹자였다. 공정식은 대학 출신 장교들을 활용하여 글을 읽지 못하는 주민들에게 글을 가르쳤다. 전쟁 중에는 총을 들고 국민을 지켰던 해병대가 전쟁 후에는 다시 국민에게 봉사하기 위해 삽과 곡괭이를 들고 나섰던 것이다.

　3연대장에 이어 해병 1사단 참모장과 해병대 교육단 교수부장 복무를 마친 공정식은 1957년, 또 다시 미국 유학을 하게 된다. 미 해병참모대학에서 중령과 대령 급을 대상으로 하는 교육을 받게 된 것이다. 1년여 동안 교육을 마치고 돌아온 공정식은 해병대사령부 참모부장을 거친 후, 1959년 4월에 준장 진급과 함께 해병대 보급정비단장에 임명된다. 34세의 젊은 나이에 장군이 된 것이다.

# 역사의 갈림길에서

1961년 5월 16일 이른 아침, 등교를 서두르고 있던 공정식의 집으로 예비역 해병대 소장 김동하(金東河) 장군이 전화를 걸어왔다. 해병대 보급정비단장 직책을 마친 공정식은 1960년 8월부터 수색에 위치한 국방대학원에 입교하여 교육을 받고 있는 중이었다.

"공 장군. 나야, 김동하. 여기 육군본부 작전참모부장실인데 박정희 장군이 기다리고 있어. 지금 빨리 와줬으면 좋겠어."

육군본부로 향하던 공정식은 거리 풍경이 전과 같지 않다는 것을 느꼈다. 주요 관공소와 신문사 주변을 무장한 병력들이 지키고 있었다. 그 중에는 해병대의 모습도 보였다. 시청 부근을 지나가다 한 무리의 해병대를 지휘하고 있는 해병대 위관장교를 발견한 공정식이 그의 앞에 지프를 멈췄다.

"무슨 일인가?"

"저도 잘 모르겠습니다. 그저 상부의 명령에 따를 뿐입니다."

"무슨 일이 일어났을까?" 궁금해 하며 용산 육군본부에 도착하니,

그곳도 마찬가지였다. 착검한 군인들이 본부 주변과 입구를 삼엄하게 지키고 있었던 것이다. 소대 규모의 해병대 대원들도 눈에 띄었다. 본부 내부의 경계는 더욱 삼엄했다. 현관을 지나 작전참모부장실로 가는 복도의 곳곳에 굳은 표정을 한 무장군인들이 버티고 있었다.

작전참모부장실에 들어서자, 박정희(朴正熙 · 당시 44세) 소장과 계급장이 달려있지 않은 군복 차림의 김동하가 소파에 앉아있었다. 박정희가 몸을 일으켜 반갑게 맞이하며 악수를 청했다. 박정희 장군과는 김동하가 해병 1사단장으로 복무할 때 포항에서 몇 번 마주친 적이 있는 사이였다.

"공 장군 잘 왔습니다. 지금 바로 김포 해병 1여단장으로 부임해주세요."

공정식은 이상하다는 생각이 들었다. 해병대 인사발령을 왜 해병대사령관이 아닌 육군 소장이 한단 말인가? 공정식이 의아한 시선을 옆에 서있는 김동하에게 돌렸다.

"공 장군, 그렇게 하시지요."

이 또한 이상한 일이었다. 이미 전역한 예비역 장군이 박정희 소장과 무슨 일을 꾸미고 있는 것인가? 공정식의 얼굴에 가득하게 피어오르는 짙은 의혹과 망설임을 읽은 김동하가 "자세한 상황은 나중에 설명할 테니 우선 김포로 가서 1여단을 접수하라."고 다시 재촉했다.

'혹시 박정희 소장과 김동하 선배가 쿠데타를 일으킨 것인가?'

순간 공정식의 뇌리로 이런 의혹이 스쳐지나갔다. 공정식은 도대체 무슨 일이 벌어지고 있는 것인지 상황을 파악하기 위해 해병대사령관

실로 전화를 걸었다. 당시 해병대사령관은 공정식이 형님처럼 따르는 김성은 장군이었다. 하지만 웬일인지 전화가 연결되지 않았다.

나중에 알게 되는 일이지만, 제2군사령부 부사령관이던 박정희 소장과 육사 8기 출신의 영관급 장교들이 주축이 되어 군사쿠데타를 일으켰던 것이다. 후일 '5·16군사혁명'으로 불리게 되는 이 쿠데타의 명분은 두 가지였다.

첫 번째 명분은 4·19의거 이후 집권한 장면(張勉) 정권의 무능력과 그로 인한 사회의 혼란을 바로 잡는다는 국가개조(國家改造)였다. 두 번째 명분은 그동안 군부에 관행적으로 대물림된 고질적인 병폐와 비리를 척결하겠다는 정군(整軍)이었다.

쿠데타를 총지휘할 지휘소는 6관구사령부(서울 영등포)로 정해졌으며, 병력을 출동하기로 한 부대는 김포에 주둔하고 있던 해병 제1여단과 제1공수특전단, 그리고 30사단(수색), 33사단(부평), 6군단 포병단(동두천)이었다. 쿠데타 주체세력은 D데이 H아워를 1961년 5월 16일 새벽 3시로 잡았으며, '야간비상출동훈련'을 빙자하여 일시에 서울로 진입한다는 계획을 세웠다.

하지만 거사 바로 전날인 5월 15일, 계획이 누설되고 말았다. 거사에 참여하기로 했던 30사단 참모장 이갑영(李甲榮) 대령과 30사단 예하 90연대장 박상훈(朴常勳) 대령이 이 사실을 이상국(李相國) 30사단장에게 털어놓은 것이다.

박상훈의 보고를 받은 후, 급히 서울로 올라온 이상국 준장은 이 사실을 육군 방첩부대장 이철희 장군과 506서울지구방첩대장 이희영 대령에게 알렸다.

늦은 저녁식사를 하다가 급보를 받은 육군참모총장 장도영(張都暎) 중장이 지금의 조선호텔 건너편에 위치한 506서울지구방첩대로 달려왔다. 이상국으로부터 자세한 보고를 받은 장도영은 그를 다시 30사단으로 돌려보내 병력이 움직이지 못하도록 했다.

이상국 사단장을 보낸 후, 장도영은 육군본부 주번사령에게 전화를 걸어 서울 일대의 군부대에 '야간비상출동훈련' 계획이 있는지를 확인했다. 30사단과 33사단, 1공수특전단 등의 부대들에 야간 훈련이 계획되어 있다는 답변이 돌아왔다. 이때가 오후 10시 30분경이었다.

장도영은 1공수특전단 단장 박치옥(朴致玉) 대령과 33사단장 안동순(安東淳) 준장에게 전화를 걸어 "야간비상출동훈련 계획을 즉각 취소하라."고 지시했다. 그리고 만약의 경우에 대비하여 육군본부에 비상대기시켜 둔 헌병 50여 명을 한강 인도교로 급파하여 군 차량의 통과를 엄금하라고 명령했다.

장도영이 취한 일련의 조치로 30사단과 33사단의 병력 이동이 저지되었다. 하지만 1공수특전단의 경우는 달랐다. 장도영의 명령을 받은 박치옥 대령이 쿠데타에 가담한 핵심 인물이었기 때문이었다.

이어 장도영은 쿠데타군 지휘소인 6관구사령부의 참모장 김재춘(金在春) 대령에게 전화를 걸어 사령부에 집결하고 있는 쿠데타군의 장교들을 즉시 해산시키라고 명령했다. 하지만 장도영은 자신의 지시를 접수한 김재춘 대령 또한 쿠데타군의 일원이라는 사실을 전혀 알지 못했다.

장도영이 506방첩대 상황실에서 사태를 수습하려고 노력하고 있는 동안, 문재준(文在駿) 대령이 지휘하는 6군단 포병단과 김윤근(金潤根) 준장이 지휘하는 해병 1여단, 그리고 박치옥 대령이 지휘하는 1공수특전단은 계속 움직이고 있었다.

5월 16일 오전 0시 15분경, 박정희 소장이 6관구사령부에 도착했다. 김재춘 대령으로부터 장도영의 지시 내용을 보고받은 박정희 소장은 장도영 총장에게 전화를 걸었다. 다음은 조갑제 씨가 저술한 책 '박정희(전 13권)'에 나오는 장도영과 박정희의 통화내용이다.

> "박 장군, 그곳에는 뭐 하러 가있소. 오늘 예정되었던 야간 훈련은 모두 취소시켰으니 집으로 돌아가시오."
> "망해가는 이 나라를 구출하기 위해서 우리는 이미 행동을 개시했습니다. 사전에 양해를 받지 못한 것은 대단히 죄송합니다. 이제부터는 최선을 다할 뿐입니다."
> "여러 말 마시오. 이번에는 장면 정부에 대해서 경고하는 정도로 그치고 내일 만나서 자세히 이야기를 해봅시다."
> "이미 부대는 출동을 개시했습니다."
> "부대의 출동은 내가 금지시켰어요. 박 장군, 취한 것 같은데 빨리 집으로 돌아가시오."
> "아무리 그래도 소용이 없습니다. 그저 보고만 계십시오."[17]

---

17) 조갑제, 「박정희 4 - 5 · 16의 24시」, PP. 78~79.

오전 3시 30분경, 해병 1여단이 한강 인도교의 남단인 노량진 쪽에 도착했다. 장도영이 파견한 헌병들이 다리를 건너려고 하는 해병 1여단을 가로막았다. 해병 1여단과 헌병들 사이에 총격전이 벌어졌다. 하지만 총격전은 오래가지 않았다. 처음부터 헌병 50명으로 막을 수 있는 일이 아니었다.

한강에서 해병 1여단과 헌병들 사이에 총격전이 벌어지던 오전 3시 30분 무렵, 의정부와 미아리를 거쳐 가장 먼저 서울에 입성한 6군단 포병단이 육군본부에 무혈 입성하는데 성공했다.

이어 오전 4시 15분경, 해병 1여단이 헌병의 저지선을 돌파했다. 해병 1여단과 그 뒤를 이어 한강 인도교를 건넌 1공수특전단이 각자에게 부여된 주요기관들을 장악하기 위해 서울시 곳곳으로 흩어졌다. 해병 1여단은 치안국과 서울시 경찰국 등을, 1공수특전단은 장면 총리의 집무실이 있는 반도호텔과 중앙청, 국회의사당, 중앙방송국(KBS) 등을 접수하기 시작했다.

1공수특전단의 첫 번째 목표는 장면 총리가 집무실 겸 숙소로 사용하는 반도호텔 8층이었다. 하지만 장면 총리는 이미 피신한 후였다. 한강 쪽에서 총격전이 벌어질 무렵에 반도호텔을 나선 장면 총리 부부가 혜화동 로터리에 위치한 카르멜 수녀원으로 피신한 것이다.

오전 4시 30분경, 박정희 소장과 1공수특전단이 남산 KBS 방송국에 들이닥쳤다. 공수부대원들은 숙직근무를 하고 있던 박종세(朴鍾世) 아나운서에게 혁명공약을 방송하라고 다그쳤다.

오전 5시, "부패하고 무능한 현 정권과 기성 정치인들에게 더 이상 국가와 민족의 운명을 맡겨둘 수 없어 조국의 위기를 극복하기 위해 은인자중하던 군부가 나서게 됐다."는 내용의 혁명공약이 전국에 방송되기 시작했다. 혁명공약은 '군사혁명위원회 의장 육군 중장 장도영' 명의로 발표되었다.

KBS를 나선 박정희 소장이 오전 7시경, 6군단 포병단이 장악한 육군본부에 도착했다. 육군참모총장실에 들어선 박정희 소장은 장도영 총장에게 "혁명군을 총지휘해 달라."고 부탁했다. 그리고 오전 9시에 발표될 예정인 비상계엄령 선포에 동의해줄 것도 요구했다.

박정희 소장은 쿠데타의 전면에 장도영 육군참모총장을 내세우겠다는 생각을 하고 있었던 것이다. 하지만 장도영은 "우선 쿠데타군을 철수시키자."고 도리어 박정희를 설득했다.

당시 쿠데타 성공의 열쇠는 장면 총리가 쥐고 있었다. 장면 총리는 내각책임제인 제2공화국의 실질적인 국군 통수권자였다. 따라서 거사가 성공하려면 우선 장면 총리의 신병(身柄)부터 확보하여 그에게서 쿠데타에 대한 승인을 받아내야 했다. 그런데 그 장면 총리가 어디론가 몸을 피한 것이다.

만약 장면 총리가 군부에 진압명령을 내리게 되면, 3천6백여 명에 불과한 쿠데타군은 진압군에게 고스란히 토벌당할 운명에 처해 있었다. 따라서 장도영뿐만 아니라 각 군 수뇌부의 지지성명을 끌어내는 것이 시급했다. 박정희는 계속해서 비상계엄령 동의와 지지성명 발표를 압박했지만, 장도영은 몸을 사렸다.

이때 군사혁명위원회의 통보를 받은 이성호(李成浩) 해군참모총장, 김신(金信) 공군참모총장, 김성은 해병대사령관이 육군본부에 출두했다. 박정희는 그들에게도 지지성명을 발표해달라고 요구했다. 하지만 곤혹스럽기는 그들 또한 마찬가지였다. 어느 누구도 명확한 입장을 표명하지 못했다. 이윽고 장도영을 비롯한 네 사람의 군 수뇌가 대책회의에 들어갔다. 그러나 별다른 대책이 있을 리 없었다.

전후사정을 살펴봤을 때, 공정식이 박정희로부터 해병 1여단장으로 부임하라는 요청을 받고 있던 바로 그 시각이 육해공군과 해병대 수뇌가 한자리에 모여 대책회의를 하고 있던 때로 보인다.

그렇다면 박정희와 김동하는 공정식을 왜 불러들였을까? 해병 1여단장 김윤근이 김포에서 데리고 나온 병력은 1대대장 오정근(吳定根) 중령이 지휘하는 1개 대대뿐이었다. 따라서 1여단에 남아있는 나머지 병력을 수습하면서 쿠데타군을 지지해줄 인물이 필요했는데, 김동하가 그 적임자로 공정식을 추천했던 것이다.

김동하는 해병대를 쿠데타군에 합류시키는데 결정적인 역할을 한 인물이었다. 만주 신경군관학교(新京軍官學校) 1기 출신으로 박정희(2기)의 1년 선배인 김동하는 일찌감치 박정희와 의기투합하여 쿠데타를 기획했다. 그는 자신을 잘 따르는 해병 1여단장 김윤근(신경군관학교 6기) 준장도 거사에 끌어들인 사람이었다.

공정식이 해병 1연대 1대대장 시절, 1연대 부연대장이었던 김동하는 도솔산전투 등 수많은 전투에서 공정식과 고락을 함께한 전우요, 직속상관이었다. 또한 두 사람은 서로 배짱이 잘 맞아 종종 술잔을 나누는 절친한 선후배 사이이기도 했다. 그런 친분이 있었기에 김동하는 공정식을 선택했던 것이다.

해병 제1연대장 김동하(오른쪽)와 공정식 부연대장(1951년 10월)

쿠데타 성패의 또 하나의 열쇠는 미 8군사령관 겸 주한UN군사령관인 매그루더(Carter B. Magruder) 대장이 쥐고 있었다. 당시 한국군의 '작전 통제권'이 주한UN군사령관인 매그루더의 수중에 있었기 때문이었다. 다시 말해 매그루더 또한 쿠데타군에 대한 진압명령을 내릴 수 있는 권한을 가지고 있었던 것이다.

6·25전쟁 개전 초기인 1950년 7월 14일, 이승만 대통령은 한국군의 '작전 지휘권'을 UN군에게 위임한다는 서신을 맥아더 UN군사령관에게 보냈다. 이승만 대통령은 이 서한에서 "현재의 적대행위가 계속되는 동안 한국 육해공군에 대한 작전 지휘권을 UN군사령관에게 위임한다."고 밝혔다. 즉 전쟁이 끝나는 날까지 UN군사령관에게 작전 지휘권을 위임한다는 것이었다.

맥아더 사령관은 UN군사령관으로서 한국 전선에 파견된 모든 나라의 군대를 작전 지휘할 권한을 가지고 있었다. 하지만 한국은 UN회원국이 아니었기 때문에 맥아더 사령관이 작전 지휘를 통괄하기 위해서는 어떤 법적인 절차가 필요했다. 이런 맥락을 파악한 이 대통령이 서면을 통해 한국군의 작전 지휘권을 위임했던 것이다.

1953년 10월 1일, 한미 양국은 워싱턴에서 한미상호방위조약을 체결하여 군사동맹국이 되었다. 그리고 1954년 11월 17일에는 '한미합의의사록'에 합의했다. '한미합의의사록'은 한미상호방위조약을 실행하기 위한 구체적인 방안을 담은 문서였다.

한미 양국은 한국군의 작전 통제권(작전 지휘권에서 작전 통제권으로 명칭이 바뀜)을 "UN군사령부가 대한민국의 방위를 책임지는 한, 그 군대를 UN군사령부의 작전 통제권 하에 둔다.(제2조)"고 합의했다. 전쟁이 끝났지만 한국군에 대한 작전 통제권을 계속 UN군사령부에 두기로 한 것이다.

육군본부를 나선 공정식은 김포로 향했다. 김포에 도착하니 주한 미 제1군단장 라이언 중장이 보낸 헬기가 공정식을 기다리고 있었다. 공정식은 미군의 정보력에 놀라며, 헬기에 몸을 실었다.

지금(2016년)은 미 2사단만 한반도에 남아있지만, 당시에는 미 8군 예하 미 1군단(의정부에 위치)이 미 2사단과 7사단의 2개 사단을 예하에 두고 서부전선을 방어하는 임무를 수행하고 있었다. 또한 미 1군단은 서부전선을 방어하는 한국군의 작전 통제권도 가지고 있었다.

> "나는 한국 대통령으로부터 작전 통제권을 위임받아 서부전선 방어를 책임지고 있는 사람이오. 내 허락 없이 주둔항선에서 무단이탈한 해병 여단 병력을 즉시 원대 복귀시키시오."[18]

미 1군단장 사무실에 도착하자 라이언 중장은 거두절미(去頭截尾)하고 쿠데타에 가담한 해병대 병력을 철수시키라는 명령을 내렸다.

---

18) 공정식, 「바다의 사나이 영원한 해병」, p. 222.

"사무실에 들어가 라이언 중장에게 경례를 했지만, 받지 않더군. 의자에 앉으라는 말도 없이 나를 빤히 노려보면서 다짜고짜 고함을 지르는 라이언 중장의 굳은 표정에서 찬바람이 쌩쌩 몰아치는 것 같았어요."[19]

"부대상황을 파악한 뒤에 적절한 조치를 취하겠습니다."
공정식은 이렇게 대답할 수밖에 없었다. 그것은 사실이었다. 김포에 도착하자마자 바로 미 1군단으로 불려오느라 부대 상황을 파악할 겨를이 없었던 것이다.

쿠데타 초기, 주한UN군사령관 매그루더 대장의 태도는 강경했다. 그는 쿠데타군을 진압해야 한다는 쪽으로 방향을 잡고 있었다. 매그루더는 육군 제1군사령관 이한림(李翰林) 중장 등 한국군 수뇌부에게 쿠데타군을 진압하라고 강하게 요구하고 있었다.

김포로 돌아온 지 얼마 지나지 않아 박정희 소장으로부터 전화가 걸려왔다. 박정희는 라이언 군단장에게서 무슨 얘기를 들었냐고 물었다. 공정식은 사실대로 말했다.

"공 장군, 라이언 장군 명령에 따르면 안돼요. 그러면 혁명은 실패합니다. 그래서 공 장군을 여단장으로 보낸 것 아닙니까?"

공정식은 박정희와 라이언 사이에서 엄청난 갈등과 스트레스를 받았다고 한다. 공정식은 계속 김성은 사령관에게 연락을 취했다. 오후

---

19) 공정식 증언, 2016년 10월 12일, 해병대전략연구소

늦게 드디어 전화가 연결됐다. 공정식은 자신이 어떻게 해야 하는지 물었다.

"어떻게 해야 하는가?" 당시 이 문제는 쿠데타군을 제외한 모든 군 간부들의 고민이었다. 그것은 김성은 사령관의 경우도 마찬가지였다.

장도영과 군 수뇌부가 지지성명을 발표하지 않자 박정희는 방향을 선회했다. 윤보선(尹潽善) 대통령을 만나 쿠데타에 대한 승인을 받기로 한 것이다. 박정희는 군 수뇌부에게 동행을 요구했다. 각 군의 참모총장과 함께 가야 이번 군사쿠데타가 군 전체의 의견인 것으로 비쳐질 것이라고 생각한 것이다.

군 수뇌들과 함께 청와대로 들어간 박정희는 윤보선 대통령에게 쿠데타 지지성명을 발표해달라고 부탁했다. 하지만 장면 총리와 함께 제2공화국의 한 축을 맡고 있던 윤보선 대통령이 쿠데타를 지지할리 없었다. 박정희는 윤보선과 독대(獨對)하여 설득을 계속했고, 군 수뇌들은 각자 자신의 집무실로 돌아가게 된다.

오후 2시경, 김성은이 해병대사령부로 복귀하자 매그루더 UN군사령관이 급히 만나자는 전갈을 보내왔다. 김성은이 매그루더를 찾아가자마자 그는 분노한 얼굴로 고함을 지르듯 명령했다.

"병력 출동은 UN군사령관인 나의 승인이 있어야 함에도 나의 승인 없이 김포 해병대는 출동하여 쿠데타에 가담했다. 이는 작전통제권에 대한 명백한 명령 불복종 행위다. 그러니 김 사령관은 지금

당장 쿠데타에 가담한 해병대를 복귀시켜라. 만일 불복종하거든 포항의 해병 사단을 출동시켜 남산과 서울시내에 배치된 해병 병력을 김포 원 위치로 복귀시켜라. 명령을 위반하면 무력을 사용해도 좋다."[20]

하지만 김성은은 "대한민국 해병은 그 누구보다 전우애가 강하기 때문에 결코 그들끼리 싸우지 않는다. 그렇기 때문에 나는 해병끼리 피를 흘리라는 명령을 내릴 수 없다. 만약 해병 1사단을 출동시킨다 하더라도, 그들이 해병 1여단을 진압하기는커녕 도리어 합세할 가능성이 많다고 보는데, 그럴 경우 상황이 더욱 악화되지 않겠는가?"라며 병력 출동을 거부했다.

이 생각은 김성은 사령관에게만 국한된 것은 아니었다. 막상 쿠데타가 일어나자 젊은 영관급 장교들은 거의가 이에 동조했으며, 장성들의 경우는 찬반이 50대 50으로 나뉘었다.

하지만 군부 내의 모든 장성과 장교들은 아군끼리 교전을 해서는 안 된다는 생각을 공유하고 있었다. 당시 쿠데타 주도세력도 유혈사태를 원하지 않았으며, 쿠데타에 찬성을 했던 세력이나 반대를 했던 세력 모두 "우리끼리 피를 흘려서는 안 된다."는 공통의 생각을 가지고 있었던 것이다.

김성은이 공정식의 전화를 받은 시각은 그가 매그루더의 명령을 거

---

20) 김성은,「회고록- 나의 잔이 넘치나이다」, p. 564.

부하고 해병대사령부에 돌아온 직후였다. 자신의 명령을 기다리는 공정식에게 김성은은 짧게 대답했다.

"공 장군은 그냥 거기 있어."

공정식으로서는 의외의 답변이었다. 해병대사령관으로부터 정식으로 여단장 발령을 받은 셈이라 마음이 좀 편해지기는 했지만, 초조하고 불안하기는 마찬가지였다고 한다.

한치 앞도 예단(豫斷)할 수 없는 상황은 다음날인 5월 17일에도 계속됐다. 쿠데타가 성공의 기미를 보인 것은 5월 18일이었다. 이날 오전 육군사관학교 생도들이 쿠데타를 지지하는 시가행진을 벌였다. 이날의 시가행진은 쿠데타 주도세력에게 큰 힘을 실어주었다.

생도들은 최종 목적지인 서울시청 앞 광장에서 혁명 기념식을 거행했다. 이 자리에서 생도 대표는 "장면 정권은 4·19 학생의거를 모독하고 조국을 위기로 몰아넣었기 때문에 우리는 반공의 터전을 더욱 굳게 하고자 일어섰다."고 선언했다.

육사 생도들이 시가행진을 하던 그 시각, 피신했던 장면 국무총리가 마침내 모습을 드러냈다. 장면 총리는 중앙청에서 마지막 국무회의를 가졌다. 그리고 군사쿠데타에 대한 정치적·도의적인 책임을 지겠다며 내각의 총사퇴를 선언했다. 물론 쿠데타군의 강압에 의해 어쩔 수 없이 사퇴 성명을 발표했지만, 어찌 되었건 장면 정부는 출범한지 9개월 만에 막을 내리고 말았다.

5월 19일, 군사혁명위원회는 1차 총회를 갖고 국가재건최고회의로 그 이름을 바꾸었다. 의장은 장도영 중장, 부의장은 박정희 소장이 맡았다. 5월 20일에는 혁명내각이 구성됐다. 장도영 국가재건최고회의 의장이 내각수반 겸 국방부 장관(12대)을 겸직하게 됐다. 이로써 1963년 12월 17일에 제3공화국이 출범하기까지 2년 7개월 동안 유지되는 군사정권이 그 막을 올렸다.

쿠데타의 주체세력이 아니었으면서도 어찌하다보니 쿠데타군의 편에 서게 되었던 공정식은 장면 총리가 내각총사퇴를 선언한 후에야 마음을 놓았다고 회고한다. 비록 선배이면서 전우인 김동하 장군의 권유를 받아들여 김포로 부임하긴 했지만, 쿠데타가 실패로 끝나면 자신의 운명이 어떻게 되리라는 것을 너무나도 잘 알고 있었기 때문이었다.

> "나는 평생 그때처럼 곤혹스러운 일을 당해본 적이 없다. 민주선거로 구성된 정부를 무력으로 전복한 행위는 반란이다. 아무리 해병대 선배라지만 반란군에 가담한 사람(김동하)과 그 수괴(박정희)의 지시로 지휘관이 된 것이 옳은 일이냐 하는 자책에 시달렸다. 만일 거사가 실패하면 나도 반란군이 되고 만다. 옛날 기준으로 보면 삼족을 멸할 역적이 되는 것이다."[21]

국군통수권자는 행방이 묘연하고, 작전통제권을 가진 UN군사령관은 쿠데타군을 진압해야 한다고 기세가 등등했던 상황에서, 엉겁결에

---

21) 공정식, 「바다의 사나이 영원한 해병」, p. 223.

쿠데타군에 가담했던 공정식의 가슴은 얼마나 조마조마했을까? 어찌 되었건, 박정희 소장의 쿠데타가 성공하면서 공정식은 탄탄대로를 달리게 된다.

# 염하상륙훈련

　5·16 군사쿠데타 두 달 뒤인 1961년 7월 중순, 박정희 국가재건최고회의 의장(1961년 7월 3일, 취임)이 김성은 사령관과 공정식을 집무실로 불러 은밀한 지시를 내렸다. 북한 쪽에서 잘 보이는 장소를 골라 대규모의 상륙훈련을 실시하라는 명령이었다.
　당시 북한은 5·16의 여파로 정국이 어지러운 틈을 타, 한강 하구(河口) 루트를 통해 무장 게릴라들을 빈번하게 남파하고 있었다. 따라서 북한에 경고성 위력시위(威力示威)를 할 필요가 있었던 것이다.
　적합한 지형을 찾던 공정식은 훈련 장소를 염하(鹽河), 즉 강화해협으로 정했다. 염하는 김포와 강화도 사이를 흐르는 강화해협의 모습이 마치 강처럼 보인다 하여 붙여진 지명이다. 조선시대에는 각종 선박이 한강으로 들어가는 중요한 교통로였다. 북한 개풍군과 연백군 일대에서 잘 보이는 곳이라 더 없는 적지(適地)였다.
　훈련 시나리오는 강화도에서 한강 하구를 넘어가 김포반도의 문수산 기슭에 숨어있는 가상의 적군을 섬멸하는 것으로 짜여졌다. 박정희 의장을 위시하여 국가재건최고회의 위원단, 김성은 해병대사령관, 라이언 미 1군단장 등이 훈련을 참관했다. 미 1군단에서 지원한 헬리콥터와 미 공군 전투기들이 지원하는 가운데, 해병1여단 장병들이 실전을 방불케 하는 훈련을 실시했다.

훈련을 지켜본 박정희 의장은 크게 흡족해했다. 상륙훈련이야말로 공정식의 특기가 아니던가. 이후 공정식은 박정희 의장의 전폭적인 신임을 받게 된다.

염하상륙훈련

# 요강파티

1년 3개월여 동안 1여단장으로 복무한 공정식은 1962년 7월 31일, 해병 1사단장으로 승진했다. 포항 1사단으로 부임하기 전날 한·미 해병대가 공정식을 위한 송별식을 마련했다. 당시 1여단에는 임기를 마치고 떠나는 사람에게 '요강파티'를 열어주는 전통이 있었다고 한다.

요강파티는 파티 참석자가 각자 가져온 위스키·포도주·맥주·소주·막걸리 등 온갖 술을 요강에 가득 부어 만든 '핵 폭탄주'를 이임자(離任者)에게 마시게 하는 파티였다. 요강에 든 술을 다 마셔야 새로운 임지로 보내준다는 장난기가 가득한 전통이었다. 그리고 이임자가 마신 요강은 그 사람의 이름을 적어 여단장실에 진열을 했다고 한다.

이 전통은 미 해병 수석고문관이 어느 날 취해서 잠을 자다가, 잠결에 타는 목을 축이려고 요강에 싸놓은 자신의 소변을 마신 일에서 유래했다고 한다. 공정식도 이 전통을 피해갈 수 없었다. 아니 피할 생각이 없었다는 것이 맞는 얘기일 것이다. 공정식이 누구인가, 전투현장에서도 막걸리를 마시며 지휘한 천하의 호주가(好酒家)가 아니던가.

요강파티에 참석한 한·미 해병대. 공정식 장군(앞 줄 가운데)의 옆에 앉은 미 고문관 가긴 소령이 문제의 요강을 들고 있다.

    사단장 이·취임식을 하루 앞둔 날 저녁, 해병 1여단 참모와 예하 부대 지휘관, 그리고 미 해병대 고문관들이 각자 자신이 즐겨 마시는 술들을 가지고 환송 회식장소에 모였다. 꽃무늬가 새겨진 사기(砂器) 요강에 온갖 종류의 술이 부어졌다. 공정식은 요강을 단숨에 비웠다. 요강으로 다시 술들이 부어졌다. 몇 잔이나 마셨을까? 공정식은 정신이 가물가물해지는 것을 느끼며 깊은 잠에 빠져들었다.

    다음날 눈을 떠보니 해가 중천에 걸려있었다. "아뿔싸!" 공정식이 황급히 일어났지만, 이미 일은 벌어지고 난 후였다. 그 시각, 포항 해병 1

사단에서는 난리가 벌어지고 있었다. 이·취임식 행사를 위해 전임 고길훈(高吉勳) 사단장과 멜로이(Guy S. Meloy, Jr.) UN군사령관, 김두찬(金斗燦) 해병대사령관(5대), 이성호 해군참모총장 등이 신임 사단장을 목이 빠지게 기다리고 있는데, 정작 본인이 나타나지 않았으니 어찌 난리가 나지 않았겠는가. 결국 이·취임식 행사는 신임 사단장이 참석하지 않은 상태에서 치러졌다. 국군 역사상 전무후무한 일이었다.

이 사건으로 한·미 해병대의 요강파티 전통은 사라지게 된다. 크게 화가 난 멜로이 UN군사령관이 미 고문관들에게 요강파티를 금한다는 엄명을 내린 것이다. 멜로이 사령관은 이에 그치지 않고 박정희 국가재건최고회의 의장에게 "공정식 사단장을 파면해야 군기가 바로 선다."는 내용을 담은 요청서한을 보냈다고 한다. 당연한 요청이었다.

서한을 본 박정희 의장이 박종규(朴鐘圭) 경호실장을 집무실로 불렀다. 박종규 실장에게 멜로이 사령관이 보낸 서한을 건네면서 박정희 의장이 물었다.

"요강파티가 뭐요?"

박종규 실장이 전후사정을 고하자, 박정희 의장은 빙그레 웃으면서 이렇게 얘기했다고 한다.

"적당히 처리하시오."

더 이상 문제 삼지 말라는 얘기였다. 그리고 이 사건이 계기가 되어 공정식은 역시 애주가였던 박정희의 술벗이 되어 종종 술자리를 함께 하게 된다.

## 해마훈련

요강파티 사건은 이후 해병대에서 두고두고 회자(膾炙)되었다. 특히 호사가(好事家)들의 술자리에 빠짐없이 등장하는 취흥(醉興)을 돋우는 일화였다. 하지만 정작 공정식 본인에게는 얼굴이 후끈거리는 멋쩍은 해프닝이었다. 공정식은 해병대 장병들에게 물렁물렁한 사단장으로 비쳐지지 않기 위해 더욱 분발해야겠다고 마음먹었다고 한다.

공정식은 해병 1사단의 복무방침을 '출전준비'로 정했다. 상륙작전을 주 임무로 하는 전략기동부대인 해병대에게 1차적으로 요구되는 것은 신속한 출전 능력이었다. 언제 어떤 상황이 일어나도 즉시 현지로 출동할 수 있는 능력, 그것을 보유하려면 끊임없는 훈련이 필요했다.

기동력을 높이기 위해 공정식은 매주 한 차례씩 1사단 전 장병이 참가하는 장거리 구보훈련을 실시했다. 완전군장을 하고 사단본부에서 구룡포까지 왕복을 하는 강훈련이었다. 그때마다 공정식은 대열의 선두에서 장병들과 함께 뛰었다. '맹장 밑에 약졸 없다.'는 격언을 몸소 실천하기 위해서였다.

사단장 취임 후 두 달쯤 지난 1962년 10월, 공정식은 강원도 주문진 일대에서 해마훈련(海馬訓鍊)을 실시했다. 박정희 최고회의 의장이 참관하는 사단 규모의 대대적인 상륙훈련이었다. 공정식은 이 훈련 도중 또다시 죽을 뻔한 위기를 넘기게 된다.

　1개 사단의 병력을 톱니바퀴가 맞물려 돌아가듯 일사불란하게 지휘하는 일은 보통 어려운 일이 아니다. 따라서 바다를 가득 메운 상륙함정들과 장비를 한 눈에 조망할 수 있는 높은 지형이 필요하다.

　공정식은 상륙훈련을 지휘하기 위해 미군으로부터 헬리콥터 1대를 지원받았다. 부끄러운 얘기지만, 그때까지만 해도 우리 군에는 단 한 대의 헬리콥터도 없었다. 따라서 미군으로부터 대여할 수밖에 없었던 것이다.

　여담이지만, 우리 군은 1967년 4월 28일에야 3대의 OH-23G 헬리콥터를 미군으로부터 인수하게 된다. 조종사를 포함하여 3명이 탑승하며 70노트의 속도를 낼 수 있는 OH-23G 헬리콥터는 이후 육군에서 지휘와 관측, 정찰, 훈련, 그리고 환자 수송에 사용된다.

　공정식은 헬리콥터를 타고 주문진 해안 2백 미터 상공을 날아다니며 상륙훈련을 지휘했다. 얼마나 지났을까, 돌연 기체가 심하게 흔들리기 시작했다. 헬리콥터의 엔진에서 고장이 발생한 것이다. 한순간 헬리콥터가 포물선을 그리며 주문진 해변으로 추락했다.

　깜짝 놀란 해병대 대원들이 황급히 사고현장으로 달려갔다. 기체로 다가간 대원들은 또 한 번 놀라게 된다. 부서진 기체에서 공정식이 유유히 걸어 나왔던 것이다. 함께 탑승했던 미군 조종사는 중상을 입었지만, 공정식은 약간의 타박상만 입었을 뿐 멀쩡했다. 천운(天運)이 아닐 수 없었다. 공정식은 아무 일도 없었다는 듯이 상륙훈련을 계속 지휘했다.

해마훈련 (1962. 10. 10.)

　공정식은 포항 1사단 주변의 교량을 확장하고 부두의 접안시설을 확충하는 일에도 힘을 쏟았다. 당시 포항 부두의 접안시설은 보잘 것

없는 수준이었다. LST(상륙함정) 같은 대형 함정을 자유롭게 정박시키려면 접안시설(接岸施設)을 넓혀야 했다. 또한 항만으로 가는 길목인 형산강의 다리도 문제였다. 워낙에 교량이 낡고 폭이 좁아서 대형 전차들이 드나들기에 적합하지 않았다.

교량이나 항만 같은 기반시설을 마련하는 일은 당연히 국가의 몫이었다. 하지만 세계적으로 가장 가난한 나라였던 대한민국 정부로서는 엄두도 낼 수 없는 것이 당시의 현실이었다. 공정식은 정부만 바라볼 수 없었다.

공정식과 해병대 장병들이 팔을 걷어붙였다. 대형 전차들이 자유롭게 주행할 수 있도록 형산강 다리의 폭을 넓혔으며, 전차의 무게를 견딜 수 있도록 교각과 상판도 교체했다. 대형 함정들이 드나들 수 있게 부두의 접안시설도 확장했다.

해병 1사단은 나날이 강군으로 변신해갔다. 하지만 이렇게 다져진 기동력과 전투력이 얼마 후 실전에 투입될 것이라는 사실을 공정식은 모르고 있었다.

## 청룡은 간다

1964년 7월 1일, 공정식은 중장으로 진급하며 제6대 해병대사령관에 취임했다. 해병대로 소속을 바꾼 지 14년 만에 해병대의 최고지휘관이 된 것이다. 그때 그의 나이 39세였다.

1964년은 우리 군이 대한민국 역사상 최초로 해외파병을 실시한 해였다. 그해 9월, 제1이동외과병원과 태권도교관단 140명을 베트남(越南)에 파병한 것이다. 하지만 이것은 시작에 불과했다.

그로부터 5개월 후인 1965년 2월, 국군은 다시 공병부대와 수송부대로 편성된 비둘기부대 2천여 명을 베트남에 증파했다. 이어 그해 10월에는 3차로 전투부대인 해병 청룡부대와 육군 맹호부대를 파병한다. 건군 이래 최초의 전투부대 파병이었다. 그리고 최초의 전투부대 파병이라는 국군 역사의 격랑(激浪) 한 가운데에 공정식이 있었.

20세기 중반 베트남은 동서냉전의 소용돌이 속에 있었다. 6·25전쟁 때 우리가 그랬던 것처럼 민주주의와 공산주의로 갈려 전쟁을 벌이고 있었던 것이다. 백여 년에 걸쳐 프랑스의 식민 지배를 받았던 베트남은

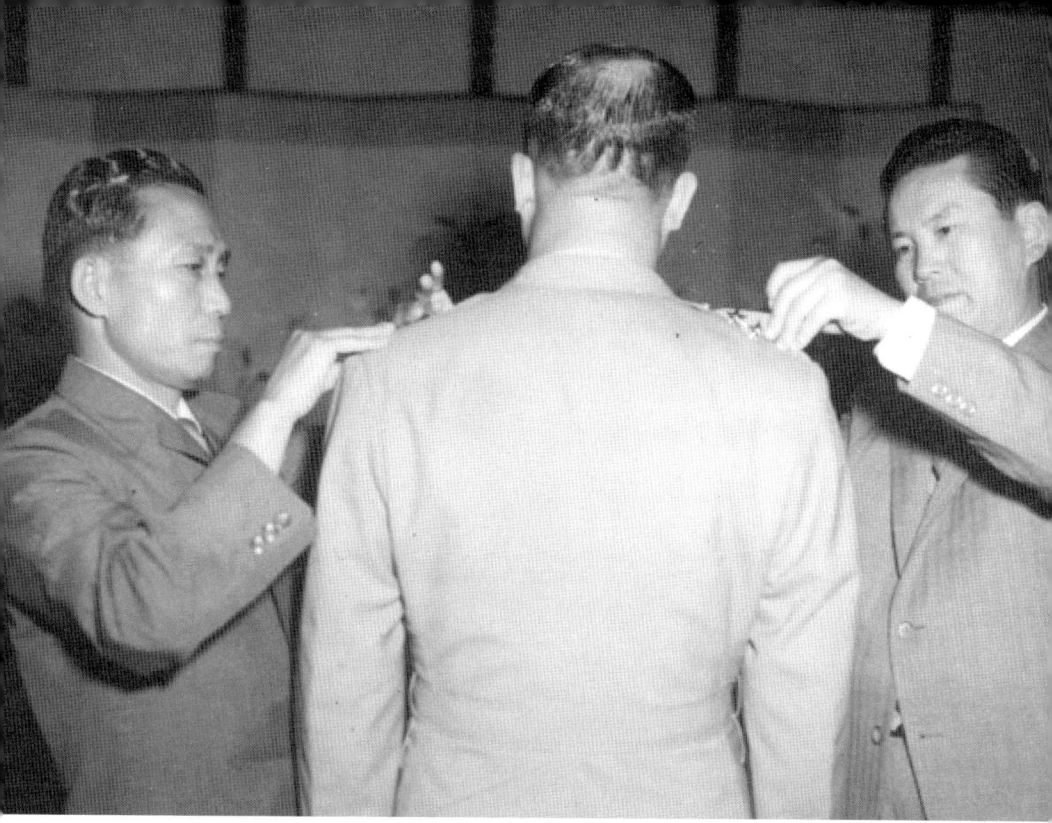

진급신고 후, 공정식 장군에게 중장 계급장을 달아주는 박정희 대통령(왼쪽)과 김성은 국방부장관

1954년에 독립을 했다. 하지만 북위 17도선을 경계로 북베트남에는 호치민(胡志明)이 다스리는 공산주의정권이 들어섰고, 남쪽에는 친 서방 자본주의정권이 수립됐다.

당시는 소련을 축으로 하는 공산주의 진영과 미국을 중심으로 하는 자본주의 진영이 대립하는 냉전시대(冷戰時代)였다. 아시아대륙에서 중국과 북한에 이어 동남아시아까지 공산화가 진행되는 상황을 지켜보고만 있을 수 없었던 미국은 남베트남을 지원했다. 처음에는 군사고문단과 소수의 공군만 지원하다가, 남베트남군이 계속 밀리자 1963년 12월, 베트남 문제에 직접 개입하기로 결정했다.

1964년 4월 23일, 존슨(Lyndon B. Johnson) 미 대통령이 한국을 포함한 25개 우방국에 지원을 요청했다. 베트남사태에 대처하기 위해서 우방국들이 적극 지원해달라는 내용이었다. 미국은 베트남사태에 혼자서 개입했을 경우에 국제적인 명분을 얻기가 어려웠기 때문에 모어플렉스(More Flags) 정책을 펼쳤다.

즉 여러 국가들이 다국적군을 구성하여 베트남사태에 대처하는 것을 희망했던 것이다. 그것은 6·25전쟁 때에 UN연합군이 참전해서 한국문제를 해결했던 것과 같은 방식이었다. 이런 국제정세 속에서 대한민국도 자본주의 진영의 일원으로서 베트남파병을 결정했던 것이다.

1965년 5월, 공정식은 미 해병대사령관 그린(Green) 대장의 초청을 받아 부부동반으로 미국을 방문했다. 미국으로 향하는 공정식은 긴장했다. 그린 사령관이 자신을 미국으로 초청한 이유를 잘 알고 있었기 때문이었다.

처음 우리 정부는 비전투부대만 파병했다. 1964년 9월에는 130명의 의료지원단과 10명의 태권도교관단을 파병하였고, 1965년 2월에는 2천여 명의 건설지원단을 파병했던 것이다. 하지만 미국은 우리 정부가 전투부대도 파병해주기를 원하고 있었다.

1965년 5월 17일, 워싱턴에서 박정희 대통령(1963년 12월 17일 취임)과 존슨 미 대통령이 정상회담을 가졌다. 이 정상회담에서 박정희 대통령

워싱턴 공항에서 공정식 사령관 부부를 영접하는 미 해병대사령관 그린 대장

과 존슨 미 대통령은 한국군 전투부대 파병에 대해서 합의했다. 박정희 대통령은 전투부대를 파병하는 대신에 한국군의 현대화와 한국에 대한 경제 지원을 요구했고, 존슨 대통령은 박정희 대통령의 요구들을 기꺼이 수락했다.

박정희-존슨 정상회담이 열린지 며칠 지나지 않아 그린 사령관이 공정식을 초청한 이유는 뻔했다. 한·미 해병대 수뇌가 한국 해병대의 파병 문제를 본격적으로 논의하자는 얘기가 아니겠는가.

하와이에 도착한 공정식 부부는 깜짝 놀랐다. 그들을 워싱턴까지 태우고 갈 미 해병대사령관의 전용기가 기다리고 있었기 때문이었다. 전례가 없는 귀빈 대접이었다. 워싱턴에 도착하여 비행기에서 내릴 때 공정식은 또 한 번 놀랐다. 도열해 있던 해병대 의장대와 군악대가 팡파르를 울리며 의전행사를 열어주었던 것이다. 귀빈급을 넘어 국빈급의 예우였다.

하지만 그것은 시작에 불과했다. 백악관을 방문했을 때, 놀랍게도 존슨 미 대통령이 공정식을 접견했던 것이다. 게다가 존슨은 공정식이 미국에 체류하는 동안 대통령 전용인 미 해병대 1호 헬기를 제공해주었다. 험프리 부통령도 자신의 전용 방탄차를 내주었다.

미국 정부는 한국군 전투부대에 해병대가 포함되기를 원하고 있었다. 그런 까닭에 한국 해병대사령관인 공정식에게 극진한 예우를 했던 것이다. 하지만 공정식은 분에 넘치는 대접을 받을수록 더욱 언행에 주의해야겠다는 생각이 들더란다.

공정식 사령관을 환영하기 위해 뉴욕 존 F. 케네디 국제공항에서 파격적인 의전행사를 하는 미 해병대 의장대

　미 정부뿐만 아니라 미 해병대도 한국 해병대의 파병을 간절히 원하고 있었다. 미 해병대사령부를 방문하자 그린 대장을 비롯한 모든 해병대 지휘관들이 공정식을 환대했다. 그들은 6·25전쟁 때 한·미 해병대가 목숨을 걸고 함께 싸웠던 일을 환기(喚起)시키면서 "베트남에서도 한·미 해병대가 함께 싸웠으면 좋겠다."고 입을 모았다.

공정식은 그럴 때마다 "나 개인적으로는 여러분과 의견이 같습니다. 그렇지만 한국 해병대의 해외 파병은 대한민국 정부와 국회가 결정할 일입니다."라는 원칙적인 답변으로 일관했다. 자칫 개인의 의견을 잘못 얘기했다가 외교적인 실수로 비화될까봐 걱정이 앞섰던 것이다.

공정식이 귀국하자 국방부장관이 그를 호출했다. 당시 국방부장관(제15대)은 김성은(1963년 3월 16일 취임) 장군이었다. 김성은은 공정식이 미국에 가있는 동안 해병대의 파병이 결정되었다고 알려주었다.

원래 박정희 대통령은 1개 전투사단, 그러니까 수도사단(맹호부대)만 베트남에 보낼 계획이었다. 하지만 해병대사령관(4대)을 지낸 김성은 장관은 국가적인 해외파병에 해병대가 제외되는 것을 용납할 수 없었다. 김성은은 "수도사단은 1개 연대를 뺀 2개 연대만 보내고, 대신 해병 1개 연대를 보내는 것이 좋겠다."고 박정희 대통령을 설득했다. 결국 박정희 대통령은 해병 1개 연대를 포함하여 파병하는 방안을 채택했다.

김성은 장관은 이 사실을 공정식에게 알리는 한편, 그의 의견을 듣고 싶었던 것이다. 김성은으로부터 해병대 파병이 결정되었다는 얘기를 들은 공정식은 뛸 듯이 기뻐했다. 그리고 1개 연대로는 부족하다는 의견을 개진한다.

> "해병대 파병 규모는 여단으로 보내야지, 육군 밑의 연대장으로 보내면 파병 존재가 희미해집니다. 또 이왕이면 6·25전쟁 때와 같이 미 해병대와 같이 작전지역을 할당받아 전투하고 싶습니다."[22]

공정식의 의견이 일리가 있다고 생각한 김성은은 다시 박정희 대통령을 설득하여 해병대 1개 여단을 파병하게 된다. 육군 2개 연대와 해병대 1개 여단을 보내면, 나중에 육군이 1개 사단 병력을 맞춰야 하기 때문에 결국 뺐던 1개 연대까지 추가로 더 파병할 수 있다는 논리로 박정희 대통령을 설득했던 것이다.

전투부대 파병 문제는 빠르게 진전되고 있었다. 공정식이 귀국한지 며칠 안 돼 미국이 우리 정부에게 전투부대의 조속한 파병을 요청하는 공식 외교문서를 보내왔던 것이다.

1965년 6월, 박정희 대통령은 김성은 국방부장관과 장창국(張昌國) 합참의장, 3군 참모총장과 해병대사령관, 그리고 비치 UN군사령관과 브라운 주한 미국대사를 청와대로 불러 특별 리셉션을 열었다.

리셉션 도중에 박정희 대통령이 김용배(金容培) 육군참모총장(제17대)에게 전투사단을 파병하려면 어느 정도의 시간이 필요하겠냐고 물어보았다. 김용배 총장은 장병들의 지원 신청을 받아 부대를 편성하고, 베트남에 맞는 정글전투 훈련을 제대로 해서 보내려면 최소한 6개월

---

22) 김성은, 「회고록 - 나의 잔이 넘치나이다」, p. 702.

정도는 걸린다고 대답했다.

박정희 대통령은 이어 공정식 해병대사령관에게도 "해병대는 어떻소?" 하고 물어보았다. 공정식은 "우리 해병대는 명령만 떨어지면 당장이라도 출동할 수 있습니다."라고 대답했다.

> "1개 대대가 출동하는데 24시간, 1개 연대는 48시간, 그리고 1개 사단 병력은 72시간이면 가능하다고 대답했지요. 그러자 박정희 대통령이 "대단합니다. 그러면 해병대가 먼저 가시오."라고 즉석에서 결정을 내렸어요."[23)]

공정식은 즉시 파병 준비에 들어갔다. 이봉출 준장을 부대장으로 해병 제2여단(청룡부대)을 신편 창설하였으며, 선발된 장병들에게 베트남 상황에 맞춘 특수훈련을 실시했다. 베트남 현지의 촌락, 각종 부비트랩을 설치해놓은 정글, 베트콩이 아지트로 활용하는 지하 동굴 등을 모방하여 만든 특수훈련장에서 정글전투에 대비한 맞춤형 훈련을 실시한 것이다.

또한 시간이 날 때마다 베트남의 정세와 현지 상황에 대해 교육했다. 가장 중점을 둔 교육은 현지인들에 대한 예절교육이었다. 장병들이 현지주민들과 분쟁을 일으키지 않도록 정신교육에 주력한 것이다. 특히 노인들과 부녀자에 대한 예의범절 교육에 중점을 두었다. 전후방

---

23) 공정식 증언, 2010년 3월 22일, 해병대기념관

의 한계가 분명하지 않은 전쟁터에서 주민들의 마음을 얻지 않고서는 효과적인 작전수행이 불가능했기 때문이었다.

7월에는 베트남을 방문하여 티우 대통령과 파병에 대한 의견을 교환하였으며, 8월에는 다시 베트남으로 날아가 주월미군사령관 웨스트모어랜드(William C. Westmoreland) 대장을 만나 현지상황을 청취했다.

당시 공정식은 이 기회에 미 해병대와 연합작전을 펼쳐 상륙작전의 교리를 발전시키는 한편, 미 해병대의 신형 장비를 무상으로 인수하겠다는 복안을 가지고 있었다.

하지만 공정식이 파병부대의 편성을 마치자 합참에서는 해병대를 수도사단(맹호부대)에 배속시켜 육군과 해병대로 이루어진 혼성사단으로 편성하겠다는 작전명령을 하달했다. 공정식으로서는 청천벽력 같은 명령이었다.

한국 해병대는 첫 출발부터가 순조롭지 않았다. "육군이 있는데 무엇 때문에 해군 내에 육전대(陸戰隊)를 다시 만드느냐?"며 육군에서 반대를 했기 때문이었다. 그 반대 여론을 잠재우고 해병대가 창설될 수 있었던 것은 순전히 초대 해군총참모장 손원일의 노력 덕분이었다.

손원일은 이승만 대통령을 설득하여 1949년 4월 15일, 진해 덕산비행장에서 해병대를 출범시켰다. 하지만 그때 해병대의 병력은 380명(장교 26명, 하사관 54명, 사병 300명)에 불과했다.

이후 해병대는 병력과 장비를 증강하기 위해 노력했지만, 쉽지 않은 일이었다. 6·25전쟁이 발발할 당시에도 해병대의 병력 TO(Table of

Organization)는 1,200명에 불과했다.

해병대의 규모를 늘려준 것은 아이러니하게도 6·25전쟁이었다. 전쟁 6개월여 전인 1949년 12월 28일, 국군은 해병대 전 병력을 제주도로 이동시켜 제주도 경비 임무에 투입했다. 그러다가 6·25전쟁이 발발하자 해병대는 현지에서 지원병을 모집하여 병력을 급속하게 늘렸다.

당연히 신병들을 무장시킬 장비가 턱없이 부족했다. 하지만 더 큰 문제는 신병들의 전투능력이었다. 해병대는 교육훈련을 제대로 시키지 못한 상태에서 신병들을 전장에 배출해야 했다. 이처럼 걸음마 단계였던 우리 해병대를 도와준 은인이 바로 미국 해병대였다.

미국 해병대는 한국 해병대에게 수많은 장비를 제공했다. 분대마다 BAR(브라우닝 자동소총) 1정을 제공했으며, 중대마다 60㎜ 박격포 3문, 대대마다 81㎜ 박격포 6문과 3.5인치 대전차로켓포 8문을 지원하여 우리 해병대의 화력을 증강시켰다. 당시로서는 엄청난 화력이었다.

또한 소대 단위까지 유선전화기를 설치해주었을 뿐만 아니라 SCR-300 무전기(원거리용), ANPRC-10 무전기(근거리용) 등을 지원하여 한국 해병대가 종합적인 전투 지휘능력을 가질 수 있도록 도와주었다.

그뿐만이 아니었다. 쌀과 각종 부식은 물론 야전식량인 C-레이션까지 충분히 지급하여 한국 해병대 장병들이 배불리 먹으며 전투를 할 수 있게 했다. 가장 주목해야 할 점은 초보적인 수준의 우리 해병대에게 선진 해병대의 전술을 전수했다는 것이다.

인천상륙작전에 참전한 한국 해병대원들은 제주도에서 지원한 나이

어린 학생 출신이 대부분이었다. 이들 신병들 중에는 소총 한 번 제대로 쏴보지 못한 사람들도 있었다. 미 해병 연대들은 한국 해병대 1개 대대씩을 자신들의 부대에 배속시켜 실전교육을 시켜주었다.

한국 해병 1대대는 미 해병 5연대에, 2대대는 미 해병 1연대에, 그리고 5대대는 미 해병 7연대에 배속되어 서울수복작전 때까지 함께 싸웠다. 한국 해병대와 미국 해병대는 이후에도 도솔산지구와 서부전선에서 계속 함께 싸우며 '형제 해병(Brother Marine)'의 우의를 다졌다.

또한 미 해병대는 우리 해병대에게 수많은 연락장교를 파견하여 작전지원을 했다. 함포 연락장교는 미 해군의 함포지원을 맡았고, 항공 연락장교는 미 전폭기의 출격 지원을, 그리고 포병 연락장교는 미 포병의 화력지원을 담당했다.

> "연락장교들은 항상 지휘관인 내 옆을 따라다니다가 내가 요청하면 그들끼리 항공 폭격, 함포 사격, 육상 포격 등 어떤 수단이 가장 효율적일지를 협의해 가장 확실한 공격 수단을 택해 지원했다."[24]

전투가 거듭될수록 한국 해병대는 급격하게 성장했다. 그야말로 청출어람(靑出於藍) 그 자체였다. 도솔산전투에서는 미 해병대를 능가하는 전투력을 발휘하여, 미 해병대가 경이(驚異)의 눈으로 바라볼 정도였다.

미 해병대와의 인연은 정전협정 이후에도 계속됐다. 미 해병대는 콴

---

24) 공정식, 「바다의 사나이 영원한 해병」, p. 282.

티코 해병 교육기지 등에 우리 해병 지휘관들을 유학시켜 상륙작전 교리를 교육하였으며, 지속적으로 한·미 합동상륙작전훈련을 실시하여 연합작전 능력을 배양했다. 전통적으로 한·미 해병대는 국적을 초월한 끈끈한 전우애로 연결되어 있었던 것이다.

공정식은 베트남에서도 이런 전통을 이어가고 싶었다. 단순히 양국 해병대의 형제관계 때문만이 아니었다. 한·미 해병대가 연합작전을 하게 되면, 6·25전쟁 때에 그랬던 것처럼 미 해병대로부터 최신의 전투장비들을 무상으로 넘겨받을 수 있었기 때문이었다.

그런데 수도사단에 배속되어 싸우라니 그야말로 큰 일이 아닐 수 없었다. 어떻게 해서든지 해병대를 육군 배속이 아닌 독립부대로 파병해야 했다. 고민을 거듭하던 공정식은 비장의 카드를 꺼내들었다. 공정식은 박정희 대통령에게 독대(獨對)를 신청했다.

"우리 해병대가 주월한국군(駐越韓國軍)의 작전통제를 받는 것도 좋지만 세계 최강인 미국 해병대와 연합작전을 하는 것이 더 좋습니다. 지난번 미국 출장 때 미 해병대사령관도 그것을 원했습니다. 우리는 그동안 미 해병대와 많은 연합작전훈련을 거듭했습니다. 월남(越南, 베트남)은 특수전이 요구되는 지역이니 미 해병대의 새로운 상륙작전 교리도 배울 수 있고, 새로 개발된 상륙장비도 획득하는 일거양득을 기대할 수 있습니다."[25]

25) 공정식,「바다의 사나이 영원한 해병」, p. 239.

공정식의 말을 들으면서 박정희 대통령은 연신 고개를 끄덕였다. 잘 알겠으니 그렇게 하라는 무언의 승낙이었다.

1965년 9월 20일, 포항 제1사단에서 해병 제2여단으로 구성된 청룡부대의 결단식 행사가 열렸다. 박정희 대통령은 물론 김성은 국방부장관, 채명신(蔡命新) 주월한국군사령관, 그리고 비치 UN군사령관과 브라운 주한 미국대사 등이 참석하여 청룡부대의 탄생을 축하했다.

이날 공정식은 박정희 대통령에게 부대창설 상황을 보고하면서 "청룡부대는 독립부대로서 주 베트남 미 해병대와 연합작전을 펼칠 계획 하에 상륙훈련과 정글전투 훈련을 계속해왔다."고 해병 독자부대 출정을 기정사실화해버렸다.

이봉출 초대 청룡부대장에게 부대기를 수여하는 박정희 대통령.
왼쪽이 비치 UN군사령관, 오른쪽이 공정식 사령관.

합동참모본부와 UN군사령부는 경악을 금치 못했지만, 박 대통령이 청룡부대장 이봉출 장군에게 부대기를 수여함으로써 결국 해병대 독자부대는 기정사실이 되고 말았다.

1965년 10월 3일, 청룡부대가 부산항을 떠났다. 대한민국 국군의 세 번째 해외 파병이자 최초의 전투부대 파병이었다. 해병 제2여단으로 편성된 청룡부대는 10월 9일, 월남 중부 해안인 '깜란'에 상륙, 무적해병의 전설을 재연하게 된다.

미 해군 카이저 함에 승선하여 부산항을 떠나는 해병 청룡부대

청룡부대가 베트남에 도착한지 얼마 되지 않아 공정식은 뜻밖의 보고를 받고 깜짝 놀라게 된다. 웨스트모어랜드 주월미군사령관이 청룡부대를 자신의 작전통제권 아래 편입시켰다는 보고였다. 미 해병대와 연합작전을 하려던 공정식의 계획이 일거에 수포로 돌아가게 된 것이다.

1965년 11월, 공정식은 급히 베트남으로 날아갔다. 웨스트모어랜드를 만난 공정식은 한·미 해병대가 함께 작전을 하면 엄청난 시너지를 발휘할 수 있다고 설득하여, 마침내 청룡부대를 미 해병대 제3원정군에 배속하는데 성공했다. 결국 청룡부대는 공정식이 의도한 대로 미 해병대와 연합작전을 펼치게 된다.

사이공 미군 병원에 입원한 주월 미군사령관 웨스트모어랜드 대장을 위문하는 공정식 사령관과 채명신 주월한국군사령관

청룡부대는 베트남에 파병된 이후 6년 5개월 동안 깜란과 뚜이호아, 쭈라이, 호이안 등으로 주둔지를 옮겨가며 수많은 작전을 성공적으로 수행하여 '따이한(大韓) 신화'를 만드는데 앞장섰다.

여단급 작전 66회, 대대급 작전 109회 등 대규모 작전과 151,347회의 소부대 작전을 실시하여 적 사살 9,619명, 생포 1,256명의 혁혁한 전과를 올렸다. 반면, 연 병력 32,246명이 파병되어 그중 3.3%인 1,156명이 전사하는 희생을 치르기도 했다.

## 외화획득 전선의 선봉장

공정식은 우리 기업의 베트남 진출에도 큰 역할을 한다. 6·25전쟁 때 미 해병 전투기 조종사로 참전하여 도솔산전투 등에서 한국 해병대에게 근접 항공지원을 했던 미 해병대 예비역 대령 퍼킨스(Perkins) 씨가 1965년 5월, 공정식을 찾아왔다.

미국 명문가의 후손인 퍼킨스는 전역 후 미국에서도 이름 있는 건설회사인 모리슨-누드슨사(Morrison-Knudson Company)를 설립하여 미국은 물론 베트남에서 많은 건설공사를 하고 있는 기업가였다. 사업 차 한국을 방문했다가 옛 전우인 공정식을 만나러 온 것이다.

퍼킨스 회장이 공정식을 방문하기 전, 퍼킨스가 온다는 사실을 어떻게 알았는지 현대건설의 정주영(鄭周永) 사장이 공정식을 찾아왔다. 정주영 사장은 후일 세계적인 기업인 현대그룹을 일으키는 남다른 사업수완을 가진 사업가였다. 공정식을 만난 정주영은 단도직입(單刀直入)으로 퍼킨스 회장과의 만남을 주선해달라고 요청했다.

베트남 건설시장으로의 진출을 모색하고 있었던 정주영 사장은 퍼킨스 회장에게 하청(下請)을 받아 베트남으로 진출하려고 했던 것이다. 공정식은 퍼킨스 회장과 만나는 날, 정주영 사장도 대동했다. 이 만남이 계기가 되어 정주영 사장은 베트남 진출의 꿈을 이루게 된다.

서울 한남동 해병대사령관 공관에서 가진 퍼킨스 회장 환영만찬회. 오른쪽부터 정주영 현대건설 사장, 공정식 사령관의 부인 주영열 여사, 퍼킨스 회장, 공정식 사령관.

이후 공정식은 현대건설뿐만 아니라 많은 한국 기업들이 베트남으로 진출할 수 있도록 다리 역할을 했다. 특히 공정식을 통해 베트남에 진출한 화물운송업체 한진상사(한진그룹의 전신)는, 주월한국군사령관 채명신 장군의 도움을 받아 베트남의 관문인 뀌논항에 주둔하고 있던 주월미군사령부와 730만 달러의 용역계약을 체결한다. 이후 한진상사의 기술자 8백여 명이 하루 3천8백 톤의 미군 화물을 하역했는데, 뀌논항에 입항하는 전체 화물 중 90%에 달하는 막대한 양이었다.

퍼킨스 회장의 도움을 받아 베트남에서 경험을 쌓은 건설 회사들은 그 후 중동(中東)에서 많은 오일달러를 벌어들여 한국 경제를 일으키는 디딤돌 역할을 하게 된다.

공정식은 또한 베트남에 있는 퍼킨스의 회사에도 많은 인력을 취직시켰다. 해병대 출신을 비롯한 한국군 예비역 5백 명 이상을 퍼킨스의 회사에 취직시켰는데, 퍼킨스는 특히 태권도 유단자를 우대했다고 한다.

# 대통령의 술벗

박정희 대통령이 애주가(愛酒家)였다는 것은 널리 알려진 사실이다. 대통령이라는 신분 때문에 일반인들이 찾는 술집에 갈 수 없었던 박정희 대통령은 신임하는 측근들을 부르거나 찾아가서 술을 즐기곤 했다. 공정식도 몇 명 안 되는 박정희 대통령의 술벗 중 한 사람이었다.

> "박정희 대통령은 외로운 분이었습니다. 당시 정일권 국무총리나 장창국 합참의장, 김용배 육군참모총장 등이 모두 군대 선배들이 잖아요. 아무래도 그 분들을 대하기가 조금 껄끄러웠나 봐요. 가장 신임했던 김성은 국방부장관은 아시다시피 술을 전혀 못하시잖아요. 그래서 군 후배인 나, 그리고 함명수 해군참모총장 등과 자주 어울리신 것 같아요."[26]

박정희 대통령은 1917년생으로 정일권 국무총리와는 동갑이었고, 김용배(1923년생) 육군참모총장보다는 여섯 살 연상이었으며, 장창국

---

26) 공정식 증언, 2016년 10월 12일, 해병대전략연구소

(1924년생) 합참의장보다 일곱 살이나 많았다. 비록 나이는 박정희보다 많지 않았거나 어렸지만, 그들 모두가 박정희의 군 선배였으며, 상관이었다.

창군 당시 군의 선두주자들은 군사영어학교 출신들이었다. 군사영어학교는 1945년 12월 5일부터 1946년 4월 30일까지 모두 110명의 장교들을 배출했는데, 군번 1번부터 110번을 부여받은 이들은 1960년대 후반까지 우리 군의 중추역할을 했다.

1946년 4월 30일, 한시적으로 운영되었던 군사영어학교가 폐지됐다. 그리고 5월 1일, 육군사관학교의 전신인 남조선국방경비사관학교(南朝鮮國防警備士官學校)가 군사영어학교가 있던 태릉에서 문을 열었다. 그때 군사영어학교에서 미처 임관을 하지 못한 사람들이 국방경비사관학교로 옮겨가 계속 교육을 받았는데, 그들이 바로 육사 1기들이다.

1946년 6월 15일, 1개월 반의 교육을 마친 육사 1기생 40명이 임관했다. 고작 1개월 반의 시차였지만, 군사영어학교 출신과 육사 1기생은 진급에 있어 엄청난 격차를 보였다. 쉽게 예를 들자면, 군사영어학교 출신들이 엘리베이터를 타고 고속으로 올라갔다면, 사관학교 1기생들은 계단을 밟고 올라갔다고 비유할 수 있을 것이다.

6·25전쟁이 발발한 1950년 6월 25일, 군번 2번 채병덕은 제2대에 이어 제4대 육군총참모장을 역임하고 있었고, 군사영어학교 출신 선두주자들은 사단장급이었다.

1950년 7월, 군번 5번 정일권이 소장 진급과 동시에 채병덕의 후임으로 제5대 육군총참모장직을 이어받았으며, 군번 3번 유재흥과 군번 55번 김백일은 군단장에 임명됐다. 또한 군번 54번 백선엽은 1952년 7월, 제7대 육군총참모장이 되었으며, 1953년 1월에는 대한민국 최초로 육군 대장으로 진급했다.

반면에 육사 1기생들은 6·25전쟁 당시 연대장급이었으며, 전쟁 말기에야 장군으로 진급했다. 그 격차는 육사 2기 이후부터 더욱 벌어졌다. 2기생들은 6·25전쟁 당시 대대장급이었으며, 전쟁 말기에 대령으로 진급했던 것이다.

경력이나 나이에 상관없이 광복 당시 한반도에 있었거나, 귀국을 빨리하여 군사영어학교에 입교했던 사람들과 귀국이 늦어져 뒤늦게 경비사관학교에 입교한 사람들의 차이가 이렇듯 극명했던 것이다.

박정희 대통령은 육사 2기 출신이었다. 당연히 군사영어학교 출신인 정일권(군번 5번)과 장창국(군번 13번), 그리고 김용배(군번 77번)는 박정희보다 계급과 군 경력 면에서 훨씬 앞서있는 사람들이었다. 박정희는 대통령이 된 후에도 과거의 군 선배들에게 깍듯하게 대했다고 한다.

"박정희 동문은 나와 같은 1917년생으로 동갑이다. 여담이지만, 그의 생일은 9월 30일이고 나의 생일은 11월 21일이어서 의당 나의 형뻘이 되는 데도, 5·16 후에 인연을 맺게 되어 사석에서 단 둘일 때면 나를 형이라 하기에, 생일로 봐서는 내가 각하를 형이라 불러야 하는데, 왜 그러느냐 했더니, 옛날 만주군 군관학교 시절에 나보다 훨씬 선배였던 것을 어찌 잊겠는가 하면서 끝까지 나를 丁兄이라 했다."[27]

 공정식이 해병 1사단장이었을 때, 포항에 내려왔던 박정희 최고회의 의장이 불현듯 해병 1사단사령부를 방문했다. 공정식의 브리핑을 받던 중 박정희가 불쑥 한마디 했다.
 "공 장군, 요즘도 해병대는 요강파티를 하나요?"
 박정희 식의 농담이었다. 브리핑이 끝난 후, 공정식은 회식자리를 마련했다. 박정희와 공정식 모두 두주불사(斗酒不辭)의 호주가(好酒家)가 아니던가. 모처럼만에 맞수를 만난 두 사람은 대취(大醉)할 때까지 술잔을 기울였다.
 이후 공정식은 박정희의 술벗이 되었다. 대통령이 된 이후에도 박정희는 종종 공정식을 청와대로 불러 막걸리를 마시곤 했다. 박정희는 청주와 막걸리를 좋아했다고 한다. 공정식 또한 막걸리 장군으로 유명한 사람이었으니, 두 사람의 술 궁합이 아주 잘 맞았던 것 같다.
 박정희 대통령은 술좌석에서는 절대 신분이나 격식을 따지지 않았다고 한다. 우직한 성격의 공정식은 직언(直言)을 서슴지 않았는데, 박정희 대통령은 그런 공정식을 더욱 신뢰했다고 한다.
 또한 박정희 대통령은 방한한 외국 귀빈들과 만찬이나 파티를 할 때 공정식을 자주 대동했다. 공정식은 "아마 박정희 대통령이 키가 작았

---

27) 정일권, 「정일권회고록」, PP. 78-79.

공정식 장군(오른쪽)과 박정희 대통령(왼쪽에서 세 번째)이 사냥으로 잡은 꿩을 안주삼아 막걸리를 즐기고 있다. (1965년 3월)

사냥을 하다가 바닷가 목선에 앉아 휴식을 취하는 박정희 대통령(오른쪽)과 공정식 장군(왼쪽)

기 때문에 외국인 못지않게 키 크고 덩치가 좋은 나를 데리고 다녔던 것 같다."고 회고한다.

영부인 육영수(陸英修) 여사 또한 박정희 대통령 못지않게 공정식과 그의 가족을 아꼈다고 한다. 육영수 여사는 가끔 공정식의 가족 모두를 청와대로 초청하여 바비큐 파티를 열어주었다고 하니, 박정희와 공정식이 얼마나 가까웠는지 미루어 짐작할 수 있겠다.

## 국회에 입성하다

　공정식의 해병대사령관 시절을 한마디로 요약한다면 "베트남전으로 시작하여 베트남전으로 끝났다."고 할 수 있을 것이다. 해병대사령관에 부임한 후 임기를 마칠 때까지 청룡부대 파병업무와 작전지휘에 온 정력을 쏟아 부은 공정식은 1966년 6월 30일(41세), 정든 해병대를 떠나게 된다.

　공정식이 전역한지 며칠 지나지 않아, 박정희 대통령이 이후락(李厚洛) 비서실장을 공정식에게 보내 인천 대한중공업의 사장 자리를 제안했다. 하지만 공정식은 "평생 군인으로 산 사람이라 경제는 잘 모른다."며 정중하게 고사(固辭)했다고 한다.

　군복을 벗은 후 모처럼의 망중한을 즐기고 있던 1967년 3월 초, 박정희 대통령이 공정식을 청와대로 불렀다. 박정희 대통령이 언제나처럼 반갑게 맞아주었다. 박정희에게 공정식은 아끼는 부하이며 후배이기도 했지만, 절친한 술벗이었다. 박정희가 입을 열었다.

　"공 장군, 고향인 밀양에서 인지도가 매우 좋은 것으로 보고를 받았소. 그러니 국회의원선거에 나가 보시죠."

1967년은 제6대 대통령선거(5월 3일)와 제7대 국회의원선거(6월 8일)가 있는 해였다. 1963년 10월 15일에 실시된 제5대 대통령선거에서 윤보선 후보를 15만 표 차이로 이기고 대통령에 당선됐던 박정희는 제6대 대통령선거도 낙관하고 있었다.

국군의 베트남 파병으로 대한민국 경제는 급성장을 하고 있었다. 미국의 군사 원조와 파병 군인들의 외화 송금으로 나라의 외환 보유고가 탄탄해지기 시작했고, 이를 바탕으로 한 내수산업 발전과 수출의 증가로 대한민국의 경제는 호황(好況) 일로였다. 베트남 특수(特需)로 경제발전에 시동이 걸리고 있던 때라 박정희 대통령과 정부는 국민의 신임을 받고 있었다.

정작 박정희의 관심은 국회의 의석수였다. 향후 야당의 견제를 의식하지 않고 안정적으로 국정을 운영하려면, 자신이 총재를 맡고 있는 공화당에서 더 많은 의석수를 확보해야 했기 때문이었다. 박정희는 공정식이 밀양에서 출마만 하면 당연히 당선되리라고 생각하고 있었다.

하지만 공정식은 망설였다. 고향에서 인지도가 있기는 했지만, 선거는 인지도만 있다고 이길 수 있는 것이 아니었기 때문이다. 밀양에는 밀양을 본(本)으로 하는 박(朴)씨 문중(門中) 사람들이 아주 많이 살고 있었다. 그에 비해 밀양의 공 씨 일가는 모두 합해봐야 고향 덕산리에 살고 있는 20여 명에 불과했다. 게다가 밀양 박 씨 문중의 유력인사가 이미 제7대 국회의원선거에 출사표를 던진 상황이었다. 선거에 나가봐야 질 것이 불을 보듯 뻔했다.

주저하는 공정식의 표정을 읽은 박정희가 말을 이었다.

"공 장군, 너무 걱정하지 마시오. 만약 장군이 국회의원에 출마한다면, 내가 직접 밀양까지 내려가 선거지원 유세를 해주리다."

대통령이 그렇게까지 얘기하는데, 차마 거절할 수는 없는 일이었다. 공정식은 청와대를 나서면서 결의를 다졌다.

"까짓, 한 번 해보자."

3월 13일, 공화당은 전국 131개 지역구의 국회의원 후보 공천자 명단을 발표했다. 공천자들 중에 공정식도 포함된 것은 물론이다.

1967년 5월 3일, 제6대 대통령선거가 실시되었다. 당선이 유력시되는 후보는 5대 때와 마찬가지로 공화당의 박정희 후보와 신민당의 윤보선 후보였다. 결과는 박정희의 예상대로였다. 박정희 후보가 윤보선 후보를 무려 116만 표 차이로 누르고 당선된 것이다.

대통령에 재선되어 국민적인 인기가 최고조에 오른 박정희가 밀양에 내려왔다. 자신이 약속한 대로 공정식을 지원하기 위해서였다. 설마 했던 공정식은 정말 많이 놀랐다고 한다. 박정희 대통령은 유세장에 운집한 밀양 읍민 앞에서 열변을 토했다.

"공정식 장군은 5·16혁명 때 나를 도와 혁명을 완수할 수 있게 한 사람입니다. 공정식 장군은 베트남 파병 때도 나를 도와 청룡부대를 베트남에 보낸 사람입니다. 나는 지금도 공정식 장군이 필요합니다. 여러분, 공정식 장군을 다시 내게 보내주십시오. 공정식 장군이 다시

밀양에 찾아와 지원유세를 하고 있는 박정희 대통령

나를 돕게 해주십시오."

6월 8일에 실시된 제7대 국회의원선거도 공화당의 압승으로 끝났다. 지역구 102석과 비례대표 27석을 차지하여 전체 의석(175석)의 3분의 2가 넘는 의석을 차지한 것이다. 공정식도 전국 득표율 1위라는 놀라운 기록을 세우며 국회의원에 당선됐다.

1967년 7월 1일, 박정희가 제6대 대통령에 취임했다. 이날은 제7대 국회의원의 임기가 시작되는 날이기도 했다. 공정식은 농림분과 소속으로 첫 의정활동을 시작했다. 1년 정도 농림분과위원회에서 활동한 공정식은 이후 내무분과 위원과 예결분과 위원을 겸임하며 의정활동을 펼친다.

국회에서 연설하고 있는 공정식 의원 (1968년)

1971년 6월 30일, 국회의원 임기를 마친 공정식은 다시 야인으로 돌아갔다. 그런 공정식을 다시 세상으로 나오게 한 사람들이 부산 지역의 기업가들이었다. 1978년, 공정식은 부산 지역 기업가들의 요청을 받아 부산무역진흥공사 회장을 맡게 된다. 이후 공정식은 정주영 현대그룹 회장 등 베트남 파병 당시 인연을 맺었던 대기업 대표들에게 부산에 투자하도록 요청하여, 부산지역 경제를 일으키는데 일익을 담당하게 된다.

2년여 동안 부산무역진흥공사 회장으로 활약한 공정식은 이후 국방부 정책자문위원, 대한민국재향군인회 고문, 해외참전해병전우회 명예회장, 성우회 고문 등을 맡아 군의 원로로서 활동하였으며, 2007년부터 2016년 현재까지 해병대전략연구소 이사장을 맡아 노익장을 과시하고 있다.

# 영원한 해병

공정식 장군은 해군으로 5년, 해병대로 15년, 도합 20년 동안 군인으로 살았다. 그가 군복을 벗은 지 올해(2016년)로 만 50년. 강산이 다섯 번 바뀌었으니 이제는 민간인 냄새가 날 법도 한데, 그는 아직도 군인으로 살고 있다. 그는 운명적으로 무골(武骨)의 기질을 가지고 태어나 평생을 무인(武人)으로 살아온 진정한 군인이요, 영원한 해병이다.

중국의 무경칠서(武經七書) 중 하나인 오자병법(吳子兵法)을 저술한 전국시대(戰國時代)의 명장 오기(吳起)는 부하를 제 몸처럼 아껴 병사들이 목숨을 아끼지 않았다는 일화로 유명한 인물이다.

어느 날 진중을 시찰하던 오기는 다리에 종기가 나서 고생하는 늙은 병사를 발견하게 된다. 고통에 신음하는 병사를 바라보던 오기는 서슴없이 그 병사의 상처를 입으로 빨아 고름을 뽑아냈다. 오기의 간호로 몸을 회복한 그 병사는 얼마 후 전쟁터에서 오기를 위해 목숨을 바쳤다.

공정식 장군 근영

　이후 그 병사의 아들도 종기로 고생을 했는데, 이번에도 오기는 그의 상처를 입으로 빨아 고름을 뽑아내 주었다. 그 소식을 전해들은 병사의 어머니는 "오기가 종기를 빨아 남편이 죽었는데, 이번에는 아들의 종기를 빨았으니 곧 아들까지 죽겠구나." 하며 목 놓아 통곡했다고 한다.

　공정식 장군이 바로 오기 같은 인물이다. 그는 언제나 병사들과 같은 음식을 먹고, 병사들과 같은 잠자리에서 잤으며, 병사들과 고락(苦樂)을 함께했다. 그는 병사들을 친형제처럼 아낀 타고난 덕장(德將)이었다. 그가 수많은 전투에서 무적해병의 전설을 만들어낸 것이 결코 우연이 아닌 것이다.

또한 공정식 장군은 죽음을 두려워하지 않는 맹장(猛將) 중의 맹장이다. 그런 기질 때문에 그는 군 생활 20년 동안 4번의 죽을 고비를 넘겼다. 그는 결코 위험을 두려워하지 않았으며, 언제나 전장의 선봉에 섰던 인물이다. "총알이 피해간다."는 말이 바로 그를 두고 한 말이 아닌가 싶다.

공정식 장군이 타인으로부터 가장 듣고 싶어 하는 별명이 '영원한 해병'이다. 그만큼 그의 해병대 사랑은 널리 알려진 사실이다. 해병대 사랑은 공정식 한 사람만으로 끝나지 않는다. 공정식 일가는 해병가족으로 유명하다. 공정식 장군에게는 아들이 세 명 있는데, 세 아들 모두가 해병대 출신이다.

장남 공용우는 해병 224기로 베트남전 참전용사다. 차남 공용대는 해간 62기로 해병 1사단에서 정훈장교로 복무했고, 해병 369기인 삼남 공용해도 해병 1사단 7연대에서 복무했다.

어디 그뿐이랴. 차남 공용대의 외아들 공원배(해병 924기)와 삼남 공용해의 장남 공현배(해병 965기) 또한 할아버지와 아버지의 뒤를 이어 해병대에서 군 생활을 했다. 공정식 일가는 3대에 걸친 해병 명문가(名門家)인 것이다.

해병 명문가의 명성은 앞으로도 계속될 것으로 보인다. 공정식 장군의 손자들도 자신의 아들들을 모두 해병대에 보내겠다고 하니, 해병 명문가의 전통이 언제까지 지속될지 흥미진진하게 지켜볼 일이다.

2008년 9월 28일, 대한민국 국군은 건군 60년을 맞아 '군인정신의 표상'으로 추앙받는 명장(名將) 18명(육군 6명, 해군 5명, 공군 3명, 해병대 4명)을 선정했다.

  육군에서는 김백일(1917.~1951.), 김용배(1921.~1951.), 김성(1923.~1993.), 이순호(1928.~1952.), 고태문(1929.~1952.), 홍창원(1932.~1952.)이 선정되었으며, 공군에서는 최용덕(1898.~1969.), 이근석(1917.~1950.), 김영환(1921.~1954.), 해군에서는 손원일(1909.~1980.), 함명수(1928.~), 현시학(1924.~1989.), 이태영(1927.~1951.), 지덕칠(1940.~1967.), 그리고 해병대에서는 김성은(1924.~2007.), 공정식(1925.~), 정경진(1936.~2015.), 이인호(1931.~1966.)가 선정되었다.

  2016년 현재, 18명의 명장 중 생존해 있는 사람은 공정식(91세) 장군과 해군의 함명수(88세) 제독 두 사람뿐이다. 공교롭게도 두 원로는 해군사관학교 1기동기이며, 생사를 넘나든 몽금포작전에서 아름다운 전우애의 꽃을 피운 친구 사이다.

  지금도 가끔 만나 술잔을 기울이는 두 원로는 이구동성으로 말한다. "해군과 해병대는 한 뿌리에서 나왔다." 두 원로가 지금도 해군과 해병대의 든든한 버팀목 역할을 하고 있다는 것은 해군과 해병대의 행복이라 하지 않을 수 없다. 공정식 장군과 함명수 제독이 더욱 장수하며 오래오래 군의 정신적 지주로 남았으면 하는 바람을 가져본다.

## / 이력과 경력 /

| | | |
|---|---|---|
| ○ 1925. 9. 3. | | 경남 밀양군 초동면 출생 |
| ○ 1944. 12. | (19세) | 마산공립상업학교 졸업 |
| ○ 1946. 1. 17. | (21세) | 해군병학교(해군사관학교) 1기 입교 |
| 8. | | 미 7함대 실습 파견 |
| 12. 15. | | 소위 임관(군번 80125) |
| ○ 1947. 2. 7. | (22세) | 해군병학교(해군사관학교) 1기 졸업 |
| 2. 15. | | 해군병학교 훈육교관 |
| 6. 1. | | 중위 진급 |
| 12. 1. | | 302(통영)정 정장 |
| ○ 1948. 6. 1. | (23세) | 대위 진급 |
| ○ 1949. 9. 1. | (24세) | 소령 진급 |
| 10. | | 최초 전투함 701(백두산)함 인수 요원 |
| ○ 1950. 5. | (25세) | 704(지리산)함 부장 |
| 12. | | 해병대 제1연대 제1대대장 |
| ○ 1951. 4. | (26세) | 임시중령 |
| 8. | | 해병대 제1연대 부연대장 |
| ○ 1952. 9. | (27세) | 미 콴티코 해병상륙전학교 주니어스쿨 유학 |
| ○ 1953. 6. | (28세) | 해병대 교육단 부단장& 교수부장& 상륙작전처장 |
| ○ 1954. 1. 15. | (29세) | 임시대령 |
| ○ 1955. 1. 10. | (30세) | 해병대 초대 3연대장 |
| ○ 1956. 2. | (31세) | 해병대 제2사단 참모장 |
| 7. | | 해병대 교육단 교수부장 |

| | | |
|---|---|---|
| ○ 1957. 8. | (32세) | 미 해병참모대학 유학 |
| ○ 1958. 7. | (33세) | 해병대사령부 참모부장 |
| ○ 1959. 3. | (34세) | 한·미 해병 연합상륙여단장 겸임 |
| 4. | | 해병대 보급정비단장(준장) |
| ○ 1960. 8. | (35세) | 국방대학원 교육 |
| ○ 1961. 5. 16. | (36세) | 해병대 제1여단장 |
| ○ 1962. 8. | (37세) | 해병대 제1사단장 |
| ○ 1963. 1. | (38세) | 소장 진급 |
| ○ 1964. 7. 1. | (39세) | 제6대 해병대사령관(중장) |
| ○ 1966. 7. 1. | (41세) | 해병대 중장 전역 |
| ○ 1967. 7. 1. ~1971. 7. | (42세) | 제7대 국회의원(공화당, 밀양) |
| ○ 1978. | (53세) | 부산무역진흥공사 회장 |
| ○ 1980. | (55세) | 국방부 정책자문위원 |
| ○ 1986. | (61세) | 대한민국재향군인회 고문 |
| ○ 1993. | (68세) | 해외참전해병전우회 명예회장 |
| ○ 1996. | (71세) | 성우회 고문 |
| ○ 2007.~ 2016. 현재 | (82세) (91세) | (사)해병대전략연구소 이사장 |

## / 상 훈 /

- 태극무공훈장/ 금성 을지무공훈장 2회/ 금성 충무무공훈장 2회/ 무공포장
- 보국훈장 통일장/ 일등근무 공로훈장/ 보국훈장 천수장
- 미 최고지휘관 공로훈장/ 미 금성 및 동성 훈장
- 월남 킹캉 훈장/ 자유중화민국 운마훈장/ 태국 백상훈장

## 참고문헌

공정식, 「바다의 사나이 영원한 해병」, 해병대전략연구소, 2009

국방부 전사편찬위원회, 「한국전쟁사」 제1~9권, 1967-1976

국방부 전사편찬위원회, 「한국전쟁 요약」, 1986

김선덕, 「실록 대한민국 국군 70년, 本紀(상)」, 도서출판 다물아사달, 2015

김선덕, 「실록 대한민국 국군 70년, 本紀(하)」, 도서출판 다물아사달, 2015

김선덕, 「인천상륙작전의 숨은 주역 함명수」, 도서출판 다물아사달, 2016

김성은, 「회고록 - 나의 잔이 넘치나이다」, 아이템플코리아, 2008

김윤근, 「5·16 군사혁명과 오늘의 한국」, 삼일서적, 2006

신현준, 「老海兵의 回顧錄」, 가톨릭출판사, 1989

이맹기 추모 사업회, 「선공후사의 귀감, 해성 이맹기」, 2006

이성호, 「피의 길 승리의 길 영광의 길」, 설우사, 2005

이응준, 「回顧 九0년」, 汕耘紀念事業會, 1982

장도영, 「망향」, 도서출판 숲속의 꿈, 2001

정일권, 「정일권회고록」, 고려서적(주), 1996

조갑제, 「박정희 4- 5·16의 24시」, 조갑제 닷컴, 2008

한국해양전략연구소, 「해군창설의 주역 손원일 제독(상)」, 2006

한국해양전략연구소, 「해군창설의 주역 손원일 제독(하)」, 2006

한국해양전략연구소, 「STRATEGY 21 제37호」, 2015

함명수, 「바다로 세계로」, 한국해양전략연구소, 2007

해군본부, 「해군 30년사」, 1978

해군본부, 「바다로 세계로-사진으로 본 해군 50년사」, 1995

해군본부, 「해군일화집 제1집」, 2006

해군본부, 「해군일화집 제2집」, 2006

해군본부, 「해군지 459호」, 2015

해군본부, 「대한민국해군 창군사」, 2016

해병대사령부, 「해병대지 61호」, 2015

해병대사령부, 「해병대 화천지구 포위돌파작전」, 2016

# 인명색인

## ㄱ

가긴  142
고길훈  143
고태문  183
공용대  182
공용우  182
공용해  182
공원배  182
공인수  17
공현배  182
곽영주  105–107
권태영  56
그린  150–153
김달삼  30
김대륜  59
김대식  98–99 / 105 / 119
김동배  56
김동하  122–123 / 129–130 / 137
김두찬  143
김백일  39 / 70 / 170 / 183
김상길  50
김성  183
김성은  15–16 / 43 / 64 / 66–67 / 73–75 / 79 / 84 / 86–88 / 90 / 98 / 115 / 124 / 129 / 133–136 / 139–140 / 149 / 154–155 / 161 / 168 / 183
김승완  56
김신  129

김영관　26 / 74
김영환　183
김용배(金容培)　155 / 168 / 170
김용배　183
김용식　60 / 62
김윤근　126 / 129 / 187
김일성　27 / 30 / 47
김일영　31
김재춘　125 / 126
김종식　119
김지회　32
김진복　56
김회출　17

남철　50 / 72
노진석　56

ㄹ

라이언　132–133 / 140
로버츠　44 / 47

ㅁ

마거릿 히긴스　16 / 65
매그루더　131 / 133–135
맥아더　28 / 33 / 52 / 63 / 71 / 94 / 131
멜로이　143
민흥기　56

## ㅂ

박상훈　124
박승훈　37–38
박옥규　55 / 57
박정희　122–124 / 126–129 / 133–134 / 137–140 / 143 / 145 / 149–150 / 152 / 154–156 / 160–161 / 168–177 / 187
박종규　143
박종세　127
박치옥　125–126
백선엽　170
백운기　50
밴 플리트　108–109
브라운　155 / 161
비치　59–60 / 155 / 161

## ㅅ

손원일　21–23 / 37 / 42–43 / 54–57 / 59–60 / 62 / 74 / 157 / 183 / 187
손정도　21
송석호　56
송호성　39
스미스　64 / 83–84 / 94–96
신현준　42–43 / 119 / 187

## ㅇ

아고　27
안동순　125
안성갑　44
안창관　87
알몬드　72
양유찬　62

오기　180–181
오덕준　37–38
오정근　129
유재흥　78–79 / 170
육영수　173
윤보선　134 / 175–176
윤영원　55
원용덕　39
웨스트모어랜드　157 / 163
이갑영　124
이건주　55 / 57
이근삼　46
이근석　183
이근식　92
이맹기　26 / 74 / 187
이봉출　156 / 161–162
이상국　124–125
이상원　56
이성호　55 / 129 / 143 / 187
이순호　183
이승만　42–43 / 51 / 55 / 63 / 102–108 / 115 / 117 / 119 / 131 / 157
이용운　44–45
이응준　27 / 187
이인호　183
이종철　50
이철희　125
이태영　44 / 50 / 183
이한림　133
이후락　174
이희영　125
임병윤　86
임선하　78

## ㅈ

장대길　111 / 113
장도영　125–129 / 134 / 137 / 187
장면　56 / 105 / 124 / 126–128 / 134 / 136–137
장지수　26 / 74
장창국　155 / 168 / 170
정경진　183
정원삼　56
정일권　60 / 62–63 / 78–79 / 168–171 / 187
정주영　165–166 / 179
정호섭　50
조갑제　126
조병옥　56
조봉식　111–113
존슨　150 / 152
주영열　166
지덕칠　183
지창수　31

## ㅊ

채명신　161 / 163 / 167
채병덕　169
채시돌　56
최봉림　59
최용덕　117 / 183
최호영　67
최효용　59

## ㅌ

토마스　99–100 / 105–106
티우　157

## ㅍ

퍼킨스　165–167
포니　117

## ㅎ

함명수　26 / 44–46 / 50 / 74 / 168 / 183 / 187
해리슨　84
험프리　152
현시학　183
호치민　149
홍순석　32
홍창원　183

**다물아사달** 기획 '국군열전' 시리즈

다물아사달에서는 창군(創軍)과 6·25전쟁, 그리고 대한민국 발전과정에서 노심초사한 '참군인'들과 UN군 참전용사들을 선정하여 그들의 삶과 업적을 오늘에 되살리는 '국군열전'을 기획하고 있습니다.

---

초대 제2군사령관, **강문봉**

영원한 벽창우(碧昌牛), **강영훈**

무적 해병의 전설, **공정식**

가평전투의 영웅, **권동찬**

포병의 뿌리, **김계원**

6·25전쟁의 4대 영웅, **김동석**

베티고지전투의 영웅, **김만술**

38도선 돌파와 흥남철수작전의 주역, **김백일**

내가 여기 있다, **김석원**

귀신 잡는 해병, **김성은**

영원한 공군 조종사, **김신**

미군 속의 한국영웅, **김영옥**

빨간마후라의 신화, **김영환**

영천전투의 맹장, **김용배(金容培)**

불굴의 장군, **김웅수**

한강교를 넘어라, **김윤근**

붓을 든 무인, **김익권**

대한민국 국가건설의 주역, **김일환**

최고의 지장(智將), **김점곤**

공군의 대부, **김정렬**

백마고지의 영웅, **김종오**

대한민국 특무부대장, **김창룡**

방송국을 사수하라, **김현수**

한강방어전투의 영웅, **김홍일**

뚝심의 맹장, **민기식**

백골부대의 마지막 자존심, **박경원**

공병 발전의 주역, **박기석**

광복군 출신 장군, **박기성**

불굴의 연대장, **박노규**

하늘에 진 별, **박범집**

광복군의 원로, **박시창**

제2대 해군참모총장, **박옥규**

풍운의 별, **박정인**

자주국방의 초석, **박정희**

제주 4·3사건의 지휘관, **박진경**
용광로의 신화, **박태준**
대한민국 최초의 대장, **백선엽**
여순 10·19사건의 순국자, **백인기**
서울수복작전의 주역, **백인엽**
해군의 아버지, **손원일**
용문산전투의 영웅, **송석하**
타이거 장군, **송요찬**
화령장전투의 맹장, **송호림**
조선경비대 제2대 사령관, **송호성**
불운한 국방부장관, **신성모**
포병의 아버지, **신응균**
카이젤 장군, **신태영**
해병대의 뿌리, **신현준**
6·25의 의장(義將), **안병범**
반공포로의 아버지, **원용덕**
통위부장, **유동열**
초대 한미연합사 부사령관, **유병현**
뚝심의 야전사령관, **유재흥**
대한민국 전투조종사, **윤응렬**
창공에 산다, **이강화**
비운의 국방부장관, **이기붕**
마지막 주월 공사, **이대용**
제6대 해군참모총장, **이맹기**
대한민국 초대 국방부장관, **이범석**

율곡계획의 개척자, **이병형**
영천전투의 영웅, **이성가**
초대 제3군사령관, **이세호**
대한민국 최초의 국군통수권자, **이승만**
풍운아, **이용문**
육군의 대부, **이응준**
최장수 육군대학 총장, **이종찬**
미 군사고문단을 구하라, **이치업**
육사 중흥의 견인차, **이한림**
군번 1번, **이형근**
최고의 연대장, **임부택**
백마고지의 또 다른 영웅, **임익순**
백골부대장, **임충식**
강단의 장군, **장경순**
용문산대첩의 주역, **장도영**
공군의 작전통, **장지량**
제9대 합참의장, **장창국**
마지막 기병대장, **장철부**
영원한 백골부대 맨, **장춘권**
장사동상륙작전의 주역, **전성호**
제18대 국방부장관, **정래혁**
대한민국 군인, **정승화**
구국의 육해공군총사령관, **정일권**
후방을 안정시킨 빨치산 토벌대장, **차일혁**
따이한의 별, **채명신**

영욕의 육군참모총장, **채병덕**

부동여산(不動如山)의 명장, **최영희**

대한해협해전의 신화, **최용남**

하늘의 개척자, **최용덕**

경찰의 지장, **최치환**

참 군인, **한신**

인천상륙작전의 숨은 주역, **함명수**

위국헌신의 연대장, **함준호**

운명을 개척한 의지의 장군, **황인성**

## 외전(外傳)

돌아온 딘

제2대 UN군사령관, **리지웨이**

불멸의 노병, **맥아더**

지평리전투의 영웅, **몽클라르**

대한민국 국군의 영원한 벗, **밴 플리트**

장진호의 대장정, **스미스**

미 극동공군사령관, **스트레이트마이어**

낙동강을 사수하라, **워커**

휴전회담 수석대표, **조이**

미국 역사상 최초로 승리하지 못한 사령관, **클라크**

중립국 송환위원회 의장, **티마야**

최고의 한국통, **하우스만**

전쟁고아의 아버지, **헤스**